全面建成小康社会,一个也不能少;共同富裕路上,一个也不能掉队。

——习近平

商务印书馆（成都）有限责任公司出品

指引

从小康到共同富裕

周锟 编著

商务印书馆

目录

引言 / 1

上篇　指引建设小康社会 / 3

第 1 章　奠定小康诞生的社会基础 / 4
　　传统与现代的交汇 / 4　　新的出发点 / 11　　开眼看世界 / 14
　　求取"真经" / 18　　引导历史转折 / 21

第 2 章　提出小康社会的完整目标 / 30
　　中国式的现代化 / 30　　提出小康 / 34　　调研算账 / 37
　　小康社会 / 39　　三步走 / 43　　富有感召力的奋斗目标 / 48

第 3 章　推动改革创新与小康建设 / 51
　　改革是解放生产力 / 51　　经济特区的开创 / 56
　　不走回头路 / 67　　改革是走向小康的必由之路 / 72

第 4 章　倡导精神文明的小康社会 / 74
　　精神文明 / 74　　从严治党 / 82　　科教兴国 / 88

第 5 章　营造小康中国的和平环境 / 98
　　小康的安全保障 / 98　　小康的时代主题 / 105
　　小康的外部环境 / 116　　小康的世界意义 / 123

第 6 章　突破小康面临的困境障碍 / 132
　　决策开发开放浦东 / 132　　发表"南方谈话" / 140

确立社会主义市场经济 / 147　见证总体小康实现 / 157

下篇　指引推进共同富裕 / 163

第7章　提出共同富裕的重大命题 / 164
共同富裕的历史课题 / 164　实现共同富裕的设想 / 172

共同富裕思想的发展 / 175　共同富裕与小康的未来 / 181

第8章　通过农业改革推动城乡共同富裕 / 184
农民生活与共同富裕 / 184　共同富裕在生产领域的要求 / 191

土地流转实现适度规模经营与多种经营 / 195

应用生物和信息技术实现小农生产与现代农业衔接 / 200

发展集体经济反哺个体收入和支持公共事业 / 203

农业改革与共同富裕 / 205

第9章　通过协同发展推进区域共同富裕 / 210
两个大局与共同富裕 / 210　实施西部大开发 / 215

协同发展的典例 / 222　公共服务均等化与共同富裕 / 226

第10章　通过税收制度改革推进人民群体共同富裕 / 232
税收制度与人民生活 / 232　用利税支持贫困地区发展 / 237

用税收调节分配 / 239　适应市场经济的税收制度 / 241

改革税收制度推进共同富裕 / 243

结语 / 248

后记 / 250

引言

2021年，我国全面建成小康社会，成功实现第一个百年奋斗目标。从1979年提出小康目标，到如今全面建成小康社会，我们走过了40多年的壮阔历程。全面建成小康社会的如期实现，进一步激发和汇聚实现中华民族伟大复兴的磅礴力量，为开启全面建设社会主义现代化国家新征程打开明亮的前进路线，也为新发展阶段推进共同富裕奠定了坚实基础。《中共中央关于党的百年奋斗重大成就和历史经验的决议》指出，中国特色社会主义新时代"是决胜全面建成小康社会、进而全面建设社会主义现代化强国的时代，是全国各族人民团结奋斗、不断创造美好生活、逐步实现全体人民共同富裕的时代"。

2021年，我们开始全面建设社会主义现代化强国，向第二个百年奋斗目标迈进。为适应我国社会主要矛盾的变化，更好满足人民日益增长的美好生活需要，必须把促进全体人民共同富裕作为为人民谋幸福的着力点，不断夯实党的长期执政基础。共同富裕是社会主义的本质要求，是人民群众的共同期盼。习近平总书记指出："全面建成小康社会，一个也不能少；共同富裕路上，一个也不能掉队。"

建成小康社会和实现共同富裕，既来自几十年艰苦奋斗的伟大实践，也来自顶层设计的系统谋划，这其中一代伟人邓小平作出了突出贡献。事实上，"小康"与"共同富裕"都是邓小平提出的。

> **指引** 从小康到共同富裕

邓小平在改革开放之初提出了"小康"的目标概念,成为中国现代化建设的重要引领,他说"这个小康社会,叫作中国式的现代化",大声疾呼"把贫困的中国变成小康的中国";他对"如何实现小康"做了深入的调查研究,大力倡导"走向小康社会的宏观管理",指出"只有深化改革,而且是综合性的改革,才能够保证本世纪内达到小康水平";他为小康设定了基本的原则,提出"不坚持社会主义,中国的小康社会形成不了";他描绘了小康社会的景象,认为"真正到了小康的时候,人的精神面貌就不同了","那时中国对于世界和平和国际局势的稳定肯定会起比较显著的作用"。

邓小平也在改革开放之初就提出了"共同富裕"的重大命题,他说"共同致富,我们从改革一开始就讲,将来总有一天要成为中心课题。社会主义不是少数人富起来、大多数人穷,不是那个样子";他的一贯主张是"让一部分人、一部分地区先富起来,大原则是共同富裕,一部分地区发展快一点,带动大部分地区,这是加速发展、达到共同富裕的捷径";他将共同富裕提升到社会主义本质的高度,阐释"社会主义最大的优越性就是共同富裕,这是体现社会主义本质的一个东西","社会主义的一个含义就是共同富裕";他还高瞻远瞩地指出"达到小康水平的时候,就要突出地提出和解决"共同富裕的问题,预见我们将"达到小康水平,然后继续前进,逐步达到更高程度的现代化"。

小康与共同富裕,紧密地联系在一起。

通过小康与共同富裕,我们也与国家的现代化进程紧密地联系在一起。

从小康到共同富裕的重要指引,值得我们仔细品味。

上篇

指引建设小康社会

第1章　奠定小康诞生的社会基础

第2章　提出小康社会的完整目标

第3章　推动改革创新与小康建设

第4章　倡导精神文明的小康社会

第5章　营造小康中国的和平环境

第6章　突破小康面临的困境障碍

第1章
奠定小康诞生的社会基础

传统与现代的交汇

2021年7月1日,庆祝中国共产党成立100周年大会在北京天安门广场隆重举行。中共中央总书记、国家主席、中央军委主席习近平发表重要讲话,代表党和人民庄严宣告,经过全党全国各族人民持续奋斗,我们实现了第一个百年奋斗目标,在中华大地上全面建成了小康社会,历史性地解决了绝对贫困问题,正在意气风发向着全面建成社会主义现代化强国的第二个百年奋斗目标迈进。这是中华民族的伟大光荣,这是中国人民的伟大光荣,这是中国共产党的伟大光荣。

小康,今天看来似乎没有什么神奇,已经完全融入中国百姓的生活。就像邓小平说的:"中国历史上有'小康之家'的说法。小康社会就是还不富裕,但日子好过。就我们来说,目标定得低一点有好处。目标定低一点是为了防止产生急躁情绪,避免又回到'左'的错误上去。"然而,在中国现代化的探索中,小康又是一个付出重大代价,来之不易的成果。用"小康"来定位一个时期中国现代化建设的战略目标,是把现代社会价值观与我国传统社会理想结合起来的睿智创造。

"小康"的概念最早出现在《诗经·大雅·民劳》:"民亦劳止,汔可小康;惠此中国,以绥四方。"在历朝历代的文献中,对其有不少的描述。比如在《礼记·礼运》篇中，孔子说："今大道既隐，天下为家，各亲其亲，各子其子，货力为己。大人世及以为礼，城郭沟池以为固，礼义以为纪，以正君臣，以笃父子，以睦兄弟，以和夫妇，以设制度，以立田里，以贤勇知，以功为己……是为'小康'。"这是小康作为一种社会模式的最早系统阐述，通过孔子之口提出，"小康"就是为政的"宽猛相济"。作为古代儒士对温饱有余的安逸生活的一种憧憬，小康的含义也多有变迁。比如到了唐代，宰相心目中的小康又是另一番景象，《旧唐书·牛僧孺列传》中记载："文宗曰：'天下何由太平，卿等有意于此乎？'僧孺奏曰：'臣等待罪辅弼，无能康济，然臣思太平亦无象。今四夷不至交侵，百姓不至流散；上无淫虐，下无怨讟；私室无强家，公议无壅滞。虽未及至理，亦谓小康。'"但可以肯定的是，"小康"一词自诞生时起，就反映了长期处于贫困状态的中国老百姓，对于美好生活的向往。

中华文明曾经是世界的领先者，到清朝乾隆末年，中国经济总量还居世界第一，人口占世界三分之一。但作为农耕文明的最高追求，即使是封建时代最强盛的盛世，也无法实现丰衣足食这个简单的目标。唐代诗人李绅对"开元盛世"的真实记录是："春种一粒粟，秋收万颗子，四海无闲田，农夫犹饿死。"到了屈辱的近代更是如此，当大清王朝沉湎于康乾盛世的繁荣之时，西方开始了工业革命，各主要国家大约用了200年的时间先后完成了工业化，世界文明的中心转移到欧洲。经过20世纪的两次世界大战，美国跃居西方乃至全世界的领先地位，并延续至今。

中国人曾经奋起直追，然而在那个半殖民地半封建的、分裂的中国，无数珍贵的梦想都幻灭了。实现现代化，是几代中国人的梦想。中华人民共和国的建立，才为民富国强的现代化梦想奠定了必要的政治条件和经济基础。中华人民共和国成立后，特别是随着社会主义基本制度在中国建立，中国共产党和中国人民开始了建设社会主义现代化的伟大历程。

【百姓相册】1950年,《浙江日报》摄影记者徐永辉开始跟拍农民叶根土一家。图为1950年,雇农叶根土(后排右一)一家五口的合影。(徐永辉 摄影)

1953年，随着各项社会改革完成和国民经济迅速恢复，我国进入大规模经济建设时期。当年9月，党中央提出过渡时期总路线，指出："要在一个相当长的时期内，逐步实现国家的社会主义工业化。"1954年6月，毛泽东在《关于中华人民共和国宪法草案》的讲话中提出，用"三个五年计划，即十五年左右"的时间，为社会主义工业化打下一个基础。9月，周恩来在第一届全国人民代表大会第一次会议上所作的《政府工作报告》中提出，建设"强大的现代化的工业、现代化的农业、现代化的交通运输业和现代化的国防"。这是中国共产党首次提出"四个现代化"战略目标。

【百姓相册】1959年，叶家从嘉兴搬回原籍台州市黄岩区凉棚岭村。图为一家人喜吃团圆饭。（徐永辉 摄影）

1956年，在党的八大前夕，毛泽东提出中国社会主义现代化建设分两步走的构想：第一步，用三个五年计划的时间实现初步工业化。第二步，再用几十年的时间接近或赶上世界最发达的资本主义国家。八大期间，他把第二步的时间明确为五十年到一百年。八大把"四个现代化"目标写进《中国共产党章程》，提出"使中国具有强大的现代化的工业、现代化的农业、现代化的交通运输业和现代化的国防"。

自20世纪50年代末开始，党在指导思想上逐渐陷入"左"的泥潭，在经济建设上不切实际地提出"超英赶美"的口号，"大跃进"和人民公社化运动使国民经济遭受严重损失。经过纠"左"和调整，到1963年，党对社会主义现代化建设目标和发展步骤的判断回归八大的正确认识。这年9月，中央工作会议明确提出分"两步走"，实现四个现代化的发展战略：第一步，用15年时间，建立一个独立的、比较完整的工业体系和国民经济体系，使我国工业体系大体接近世界先进水平；第二步，用50年到100年时间，使我国工业走在世界前列，全面实现农业、工业、国防和科学技术的现代化，使我国经济走在世界前列。这就形成了关于"四个现代化"的完整表述。

把科学技术现代化作为四个现代化之一，反映了毛泽东和党中央对当时世界生产力发展大势的正确判断。20世纪50年代以后，新科技革命逐渐成为解放和推动生产力发展的主动力。美国、联邦德国、日本等在新科技革命的推动下，经济步入高速发展期。美国从1961年1月到1969年10月，经济连续增长106个月，被称为"繁荣的十年"。日本从1955年至1960年，经济年均增长8.5%，1960年至1965年为9.8%。联邦德国在1951年到1971年的20年间，国内生产总值增加了五倍多，是除日本之外发展最快的西方国家。毛泽东和党的其他领导人看到了中国在经济和科学技术上同西方发达资本主义国家之间的巨大差距，对现代化的发展目标和战略的考虑更加务实和全面。1964年12月13日，

【百姓相册】1964年,叶根土(前排中间)到省城开会,从黄岩到杭州要坐9个半小时长途汽车。(徐永辉 摄影)

毛泽东强调:"我们不能走世界各国技术发展的老路,跟在别人后面一步一步地爬行。我们必须打破常规,尽量采用先进技术,在一个不太长的历史时期内,把我国建设成为一个社会主义的现代化的强国。"12月21日,周恩来在三届全国人大一次会议上,正式向全党和全国人民宣布了"四个现代化"目标和分"两步走"的发展战略:"今后发展国民经济的主要任务,总的说来,就是要在不太长的历史时期内,把我国建设成为一个具有现代农业、现代工业、现代国防和现代科学技术的社会主义强国,赶上和超过世界先进水平。""我国的国民经济发展,可以按两步来考虑:第一步,建立一个独立的比较完整的工业体系和国民经济体系；第二步，全面实现农业、工业、国防和科学技术的现代化，使我国经济走在世界的前列。"

"文革"的爆发使党的工作重心转向"以阶级斗争为纲"，"四个现代化"和"两步走"的发展战略刚开始实施就被迫中断，我国社会主义现代化建设遭受十分严重的破坏和损失。据统计，在 1967 年到 1969 年动乱最严重的三年中，我国经济建设陷于停顿和倒退。而同时期，在新科技革命的推动下，日本、美国和欧洲发达国家的经济持续高速发展，中国周边原来一些比较落后的国家，如韩国、新加坡等，也抓住机遇实现了经济腾飞。

"文革"后期，面对国民经济的严重局面，毛泽东和党的其他一些领导人把注意力转移到经济建设上。1974 年 11 月，毛泽东作出"把国民经济搞上去"的指示。1975 年 1 月，周恩来在四届全国人大一次会议上重申"四个现代化"目标和"两步走"发展战略："第一步，用十五年时间，即在一九八〇年以前，建成一个独立的比较完整的工业体系和国民经济体系；第二步，在本世纪内，全面实现农业、工业、国防和科学技术的现代化，使我国国民经济走在世界的前列。"这给正在经受动乱之苦的全国人民以极大的振奋，使人们看到了国家由乱到治的希望。

不久，经毛泽东批准，复出的邓小平代替重病的周恩来主持国务院工作。他全力领导以经济领域为主的全面整顿，同时也对 20 世纪内实现"四个现代化"的目标做了务实的思考。1975 年 4 月，邓小平对美国众议院议长卡尔·艾伯特、众议院共和党领袖约翰·罗兹等人说："我们这个国家还很落后。我们也有一些雄心壮志，看能不能在二十世纪末达到比较发展的水平。所谓比较发展的水平，比你们、比欧洲的许多国家来说，还是落后的。我国人口多，有八亿人，人均国民收入还是很低的。"6 月，他在会见尤金·帕特森为团长的美国报纸主编协会代表团和美联社董事长保尔·米勒时也谈道："所谓现代化水平，就是接近或比较接近现在发达国家的水平。当然不是达到同等的水平。在这个时期内还办不到,因为中国有自己的情况,首先是人口比较多。但还有二十五年的时间,我们有信心达到比较接近通常说的西方的水平。"

邓小平在与"发达国家的水平"的动态比较分析中揭示了实现"四个现代化"目标的艰巨性。1975年9月15日,他在讲话中提出:"二十五年来,在农业方面,我们由过去旧中国的半饥饿状态做到了粮食刚够吃,这件事情不可小视,这是一个伟大的成绩。在工业方面,我们也打下了一个初步的基础。但是,我们应该有清醒的头脑,尽管有了这个基础,但我们还很穷、很落后,不管是工业、农业,要赶上世界先进水平还要几十年的时间。所以,我们说形势好,有希望,大有希望,但是,头脑要清醒,要鼓干劲,不仅路线要正确,而且要政策正确,方法正确。"他既看到了"四个现代化"建设的艰巨性,又具有实现这一雄心壮志的坚定信心。但在系统纠正指导思想上的"左"倾错误之前,我们不可能集中精力进行现代化建设。不久,邓小平又一次被打倒,整顿被迫中断,现代化进程再次遭受严重挫折。

对社会主义现代化建设道路的探索,既有成功的经验,也有惨痛的教训,无论哪一种都是我们的宝贵思想财富。小康作为中国特色社会主义的重要组成部分,如习近平总书记指出的,以毛泽东为核心的党的第一代中央领导集体,为其"提供了宝贵经验、理论准备、物质基础"。

新的出发点

1977年,再次复出工作的邓小平马不停蹄地继续寻找符合中国实际的现代化道路。1978年9月,他应金日成邀请到朝鲜进行了一次短暂访问,回国后,他没有直接回北京,而是到东北三省及河北唐山、天津进行视察。一路上,邓小平发表了一系列讲话,提出许多带有突破性的观点,史称"北方谈话"。尽管当时国内的主要媒体并没有详细报道,但是这些振聋发聩的讲话还是迅速传播开来,为党的十一届三中全会实现历史转折提供了重要的思想基础。

在"北方谈话"中,邓小平对社会主义的重新认识,首先是从否定的视角,从反思人们感同身受的一些与社会主义的优越性格格不入的现象入手的。在邓小平看来,1978年中国最大的社会现实,就是生产力落后,人民生活贫困。他不断强调这种现象的严重性:"社会主义要表现出它的优越性,哪能像现在这样,搞了二十多年还这么穷,那要社会主义干什么?""外国人议论中国人究竟能够忍耐多久,我们要注意这个话。""贫穷不是社会主义",这是从现象上对社会主义的重新认识,从而引发了关于社会主义本质的重新思考。邓小平提出了新的设想:"我们是社会主义国家,社会主义制度优越性的根本表现,就是能够允许社会生产力以旧社会所没有的速度迅速发展,使人民不断增长的物质文化生活需要能够逐步得到满足。"这是邓小平针对实际现象对社会主义优越性进行的初步归纳。

邓小平还初步提出了实现"社会主义优越性"的基本途径:

打破平均主义。邓小平从社会主义按劳分配的基本原理出发,在"北方谈话"中反复强调要打破平均主义。9月15日,他在哈尔滨谈道:"按劳分配政策很值得研究,不能搞平均主义。管理好的企业,工资待遇应该不同。企业管理得好,为国家贡献大的,应给予奖励,刺激技术水平、管理水平的提高。平均主义害处太大了。"16日,他在长春再次指出,"不管大中小企业,搞得好的要奖励,不能搞平均主义,要鼓励先进","要真正搞按劳分配,鼓励向上,鼓励人们努力学习,这对社会主义的极大益处是发展社会生产力"。20日,他在天津同样说:"我们过去是吃大锅饭,鼓励懒汉,包括思想懒汉,管理水平、生活水平都提不高。现在不能搞平均主义。毛主席讲过先让一部分人富裕起来。好的管理人员也应该待遇高一点，不合格的要刷下来，鼓励大家想办法。讲物质刺激，实际上就是要刺激。"后来，这一观点发展为"让一部分人先富起来"和"两个大局"，实际上这是社会管理理念的根本转变。

加强引进。邓小平在东北各地都谈到了引进，而最为集中的是在鞍钢："引进技术改造企业，第一要学会，第二要提高、创新。凡是引进的技术设备都应该是现代化的。世界在发展，我们不在技术上前进，不要说超过，赶都赶不上去，那才真正是爬行主义。我们要以世界先进的科学技术成果作为我们发展的起点，我们要有这个雄心壮志。引进先进技术设备后，一定要按照国际先进的管理方法、先进的经营方法、先进的定额来管理，也就是按照经济规律管理经济。一句话，就是要革命，不要改良，不要修修补补。"10月10日，邓小平进一步指出："我们引进先进技术，是为了发展生产力，提高人民生活水平，是有利于我们的社会主义国家和社会主义制度。"这一思想此后迅速发展为"对外开放"政策。

重新考虑体制问题。邓小平在"北方谈话"中反复说道："从总的状况来说，我们国家的体制，包括机构体制等，基本上是从苏联来的，人浮于事，机构重叠，官僚主义发展。'文化大革命'以前就这样。办一件事，人多了，转圈子。有好多体制问题要重新考虑。总的说来，我们的体制不适应现代化，上层建筑不适应新的要求。""企业管理，过去是苏联那一套，没有跳出那个圈子。那时候，苏联企业管理水平比资本主义国家落后得多，后来我们学了那个东西，有了那个东西比没有好。但现在连那个落后的东西也丢掉了，一片混乱。""要提倡、要教育所有的干部独立思考，不合理的东西可以大胆改革，也要给他这个权。"总之一句话："现在我们的上层建筑非改不行。"当然，这是个非常复杂的问题，邓小平当时想到的主要是扩大基层的自主权，但是这一思想不断发展完善，最终形成了"多个领域改革"的基本政策。

此时邓小平思考的两个基本点，其一是生产力的发展，其二是人民生活水平的提高。这种认识被形象地概括为"贫穷不是社会主义"。正是基于这种认识，邓小平确立了中国共产党在新时期执政的出发点，这也是他站在传统与现代的交汇处提出小康的出发点。

开眼看世界

发展目标是一个国家发展战略的核心，关系着社会生活的方方面面，直接影响着发展战略的成败。故而，一个发展目标，往往是经过深思熟虑后再慎重提出的。通常，一个成熟的发展目标包括三个要素：对此前目标的继承、发展和修订；对现实情况的针对性；对战略蓝图的总结。换句话说，一个成熟的发展目标要综合关照过去、现在和未来。小康目标，即是如此。

1976年10月，"四人帮"被粉碎，"文革"结束。浩劫之后，百废待兴，人民群众强烈盼望迅速恢复发展经济，摆脱贫困；党的领导人也急切希望把国民经济在短期内搞上去，改变各方面工作的被动局面，重提"四个现代化"，国民经济得到较快恢复，一些方面还有所发展。但是，接着又犯了急于求成、片面追求高速度的毛病。1977年5月1日，《人民日报》的文章将20世纪末实现"四个现代化"目标解释为赶超世界强国。8月，十一大把实现"四个现代化"作为党在20世纪的奋斗目标写进了党章。年底召开的制定国民经济长期规划的会议，则提出了具体方案：到2000年分三个阶段，即3年、8年和23年，打几个大战役，建设120个大项目，本世纪末使中国的主要工业产品产量分别接近、赶上和超过最发达的资本主义国家，各项经济技术指标分别接近、赶上和超过世界先进水平。1978年2月5日，中央下发的国家计委《关于经济计划的汇报要点》和《1978年国民经济计划主要指标》提出：到

20世纪末，钢产量达到1.3亿到1.5亿吨，粮食产量达到1.3万亿到1.5万亿斤。2月26日至3月5日召开的五届全国人大一次会议上通过的《政府工作报告》和《一九七六至一九八五年发展国民经济十年规划纲要（草案）》，提出了更具体的指标：到1985年，粮食产量达到8000亿斤，钢产量达到6000万吨。在1978年到1985年这8年内，建设12个大面积商品粮基地，新建和续建120个大型项目，其中有10个大钢铁基地、9个大有色金属基地、8个大煤矿基地、10个大油气田、30个大电站，等等。如按照这个要求，8年间我国主要工业产品新增加的产量都将大大超过过去28年增加的产量；国家财政收入和基本建设投资，都相当于过去28年的总和。

在这些高经济指标的驱动下，全国上下"大干快上"，大上项目，加速引进，出现"全面跃进的新局面"，结果造成国家财政困难和国民经济比例更加失调的严重情况。后来，人们把当时的状况称为"洋跃进"。如邓小平后来所总结的，那段时期"脑子有点热，对自己的估计不很切合实际，大的项目搞得太多，基本建设战线太长，结果就出现问题了"。

这些矛盾表明，以赶超世界先进水平为目标的"四个现代化"，确实难以实现。实事求是地重新思考中国现代化建设发展目标，这个问题被严峻的现实提到了眼前。

小康，无疑非常富有中国特色，但它的产生，既立足于中国的实际，也来自全球的视野。在中国这样一个贫穷落后、人口众多的东方大国搞现代化建设，必须弄清与世界现代化进程的差距。重新走上党和国家领导岗位的邓小平郑重提出，要"知道世界是什么面貌"。于是，就出现了再一次"开眼看世界"的历程。

1978年一年当中，中国共产党和中国政府就派出各种代表团529个，人数达3200人，其中包括12位副总理、副委员长以上的领导人，先后20次访问了51个国家。国门外的变化让我们大吃一惊。赴欧洲五国考

指引 从小康到共同富裕

1978年5月至6月,国务院副总理谷牧(左二)率领中国政府经济代表团出访西欧五国——法国、瑞士、比利时、丹麦、西德,考察发达国家经济。

察团成员、时任水利电力部部长的钱正英回忆:"记得到西德的当天晚上,我国驻西德大使张彤就在使馆给我们放了一个西德的纪录片,描写德国战败后经济从破败到复苏的过程。当时柏林城乡都是一片废墟,人民无以为生。到战后七十年代的时候,已经完全恢复发展了。这个纪录片我一直到现在都印象很深。我感觉这几十年,欧洲国家发展很快,对我们非常震动。那个时候感觉我们同西方国家的差距在20年以上。"这一年,带着对中国应该怎样发展、怎样赶上世界潮流的战略思考,邓小平也频繁出国考察,上半年访问了缅甸、尼泊尔,下半年访问了朝鲜、日本、泰国、马来西亚、新加坡。这是他一生中出国次数最多的年份。

这一年的10月19日，邓小平前往日本进行了为期10天的访问。26日，他乘新干线"光—81号"超特快列车前往文化古城京都进行访问。在火车上，应日本记者之请谈对新干线的观感时，邓小平说："就感觉到快，有催人跑的意思，我们现在正合适坐这样的车。"

时任外交部亚洲司日本处副处长的王效贤是邓小平访日的随行人员，她回忆道："他（邓小平）说你看，人家安排日程，都是几分几秒，到几分几秒干什么。我们安排日程，上午一个，下午一个，说像我们（这么）慢吞吞的，我们搞不了建设。"

访日期间，邓小平每天的行程排得很满，开记者会，参观企业，会见日本客人，他要求随行人员学习日方的时间观念，随行人员一时不适应，还闹出了一个小插曲。王效贤回忆："每天他（邓小平）出发都是非常准时的，他是分秒不差的。有一天，我们的一位局长来晚了，也就来晚了几秒钟。他一到马上就得开车，他一到，车就开了，差了一步没赶上。所以就挨批了，不能这样慢吞吞，我们一定要学人家。"

把百废待兴的中国尽快地提升到世界领先水平，邓小平的心情比任何时候都要急切，但他从未偏离实事求是的圭臬。他在日本发表演讲："中国人民决心在本世纪内把中国建设成为社会主义的现代化强国。我们的任务是艰巨的。我们首先要靠自己的努力，同时我们也要学习外国的一切先进经验和先进技术。"在参观日产汽车公司座间工厂时，邓小平了解到公司每个工人每年能生产汽车94辆，而我国最先进的长春第一汽车制造厂每个职工只能年产1辆汽车，他坦诚地说："我懂得什么是现代化了。"而在回答日本记者有关中国现代化的问题时，邓小平充分体现了他的坦率、务实和开放，他说："这次到日本来，就是要向日本请教。我们要向一切发达国家请教，向第三世界穷朋友中的好经验请教。世界在突飞猛进地发展，要达到日本、欧美现在的水平就很不容易，达到22

年后本世纪末的水平就更难。我们清醒地估计了困难，但是树立了雄心壮志，一定要实现现代化。这就要有正确的政策，就是要善于学习，要以现在国际先进的技术、先进的管理方法作为我们发展的起点。首先承认我们的落后，老老实实承认落后就有希望，再就是善于学习。本着这样的态度、政策、方针，我们是大有希望的。"时任大平正芳秘书的森田一评价："邓小平先生肩负全中国的责任，经营管理中国，他是以这样一种气魄来与我们谈话的，他从整个国家的角度来进行谈话。"

1978年11月12日，邓小平在结束对马来西亚的访问后，抵达新加坡，进行为期两天的正式访问。新加坡前总理李光耀曾回忆：当他（邓小平）来到新加坡，他很吃惊，我们有西方资本的公司，美国的，日本的，欧洲的，在这里做生意，用我们的人，我们的毕业生，我们的技术人员，制造出口产品。但是，我们从中得到税收，通过他们的工作，我们能够建设邓小平所说的，美丽的花园城市国家，人人都开始有自己的家。邓小平则对中国驻新加坡机构的负责人说："我们穷，为什么要讲排场呢？本来穷，就别摆富样子，好起来再说。""我在日本说，本来长得很丑，为什么要装美人呢？苏联就吃这样的亏，自以为什么都是自己的好，其实农业、技术都很落后，结果是自己骗自己。我们的框框太多了，一下子要改过来不容易。""可派人出来看看，学人家是怎么搞的。大家要开动脑筋，有的人总认为自己好。要比就要跟国际上比，不要与国内的比。"

求取"真经"

为了求取"真经"，邓小平拜访的"老师"，不仅仅是亚洲的邻居。1979年1月1日，中华人民共和国和美利坚合众国在互相隔绝三十年之后建立了两国政府间完全的外交关系。邓小平接受美国总统卡特的邀请，于1月28日到2月5日访问美国，在全世界掀起了"邓小平旋风"。

邓小平访美之行，大致可以分为两个阶段：自 1 月 28 日抵达，在华盛顿的四天时间，是前半程，以政治磋商为主，邓小平与美方进行了一系列重要会谈，出席了一系列重大活动，取得了一系列重要成果，极大地推动了中美关系向前迈进，从而也改变了世界格局；2 月 1 日到 5 日，是后半程，以科技经济考察为主。他连续造访佐治亚州、得克萨斯州和华盛顿州，为中国的巨变埋下了深刻伏笔。

邓小平科技经济考察之旅的第一站是福特公司在亚特兰大的汽车装配厂，福特董事长亨利·福特二世专程从底特律总部赶来，全程陪同。

在这里，邓小平参观了约一个小时。他乘坐电动汽车，从一个厂房到另一个厂房，听取有关操作介绍，前后逗留四个地方，还与工人进行了交谈。据工人们回忆，邓小平用英文向他们问好，和他们握手，"他的手很软，但很有力"。邓小平问他们，是否喜欢这个工作，工作时间和工资情况。工人后来对媒体说："他真是一位友好的人。我很抱歉，当时竟然忘记对他讲些美好的话。"

当工人们为邓小平的到访兴奋不已时，邓小平的心情却并不轻松。邓小平看到的是福特 LTD 型汽车装配生产线的作业，全部流程由计算机控制，每小时可生产 50 辆这种类型的汽车。据统计，当时福特公司一个月的产量相当于中国所有汽车企业一年产量的总和。

实事求是地承认差距，但不可坠青云之志。参观临近尾声的时候，邓小平当众讲话。他称赞福特汽车公司的先进技术，表示中国将向美国学习。同时他也说道，中国需要发展汽车工业，并且 20 年后将见到成绩，中国将通过建设四个现代化成为世界工业强国。这段预见性的讲话，在当时很多美国专家看来不切实际，其中就包括美国著名的未来学专家、《大趋势》一书的作者约翰·奈斯比特。他曾回忆说：他的发言对当场的大多数美国人，包括我来说，都是不可想象的。但是，日后中国的发展证明，邓小平此言绝非虚妄。2009 年，约翰·奈斯比特访问中国时提起1979年的往事，力赞邓小平：他的预言现在已经成真，看来他才是真正伟大的预言家。

2月2日，邓小平抵达休斯敦。欢迎仪式后他就马不停蹄地赶往此行最重要的高科技考察项目——美国国家航空和航天局。其全名为"林登·贝恩斯·约翰逊太空中心"，设立在休斯敦市南面的一个湖畔，美国第一艘宇宙飞船就从这里升空。

在"太空中心"，邓小平对宇航馆内的各种设施都表现出很大的兴趣。中心主任克里斯托弗·克拉夫特博士负责引导，边走边向邓小平介绍美国宇航历史。邓小平参观了宇宙飞船阿波罗十七号的指令舱、月球车、登月机器等复制模型，会见了美国首批宇航员之一的约翰·格伦，并且登上航天飞机模型座舱进行模拟飞行，迟迟不愿意下来。他在这里度过了三个小时，不厌其烦地询问了大量的问题，并且与宇航局的工作人员共进午餐。在场的人都能感受到邓小平对航天事业的重视。

2月3日上午，是邓小平在休斯敦的最后一段行程，10点，他前往休斯工具公司参观。邓小平戴上专业的护目镜，参观了实验和生产钻头等器材的车间。他细听每一件器材的性能描述和有关数字，尤其详细地询问了价钱。邓小平还亲自视察了即将运往中国的25套采油器材，并仔细观看其中一枚送给他的钻油井用钻头，这是他访美期间收到的技术含量最高的一件礼品。回国后，他将这枚钻头交给国务院副总理兼国家经委主任康世恩。

2月4日下午3点半，邓小平来到西雅图以北的埃弗里特波音747飞机装配厂。波音公司的飞机盘旋于西雅图的低空，拖着一条大长幅："热烈欢迎邓小平！"邓小平参观了11个工作流程车间中的6个。在巨大的飞机装配车间里，邓小平观看一架接近完工的巨型喷气式客机着陆排挡的操作测试。在厂房外面，他还登上一架已出售准备起飞的巨型喷气式客机参观。波音公司是世界上规模最大的飞机制造公司，它从世界各地的 2200 多家供应商进口飞机零件，绝大部分生产过程受计算机控制，其制造技术领先于世界水平。参观结束时，邓小平表示："看到了一些很新颖的东西。"

访美九天，邓小平出席了近 80 场会谈、会见等活动，参加了约 20 场宴请或招待会，发表了 22 次正式讲话，并 8 次会见记者或出席记者招待会，美国人第一次近距离领略了新中国领导人的风采。通过访美之行，邓小平为中国打开了全新的外交局面，为保障国家安全、争取和平的外部环境创造了良好条件，有利于国内建设的顺利开展。更为重要的是，邓小平进一步了解了世界现代化建设的实际情况，大大丰富了其改革开放的设计蓝图。

在美国和日本等当时已高度现代化的发达国家的所见所闻，深深触动了邓小平。邓小平痛切地感受到了中国与世界的巨大差距，更清楚地看到了在中国实现现代化的艰难。1978 年 9 月 12 日，在朝鲜访问的邓小平感慨地对金日成说："最近我们的同志出去看了一下，越看越感到我们落后。什么叫现代化？五十年代一个样，六十年代不一样了，七十年代就更不一样了。"一贯讲究实事求是的邓小平，又在深入思考中国式现代化的道路。他在反复地思考，反复地比较，反复地计算，看到我们跟日本、美国等发达国家的差距。他于 1978 年 10 月提出："要实现四个现代化，就要善于学习，大量取得国际上的帮助。要引进国际上的先进技术、先进装备，作为我们发展的起点。"在这个基础上，邓小平对中国的四个现代化作出重要的调整，这成为提出小康的契机。不过在此之前，他还要引导历史转折的实现。

引导历史转折

十一届三中全会是在 1978 年 12 月 18 日至 22 日召开的，历时五天，

指引 从小康到共同富裕

为了这影响深远的五天，邓小平领导的思想准备工作早已开始。从1977年7月邓小平复出到1978年初，以恢复高考和全国科学大会为标志的科教战线的拨乱反正已经让全国人民感受到春天的气息；在1978年，历史转折前最重要的思想准备工作莫过于真理标准大讨论和邓小平发表的"北方谈话"。

十一届三中全会召开前，按照惯例，先召开中央工作会议。这次"规模很大，规格很高"的中央工作会议，于1978年11月10日至12月15日在北京召开，历时36天。参加会议的有各省市自治区和各大军区的主要负责人，中央党、政、军各部门和群众团体的主要负责人，共212人，分六个组进行讨论。由于当时的指导思想还没有发生根本改变，十一届三中全会及之前的中央工作会议，原来只安排了以下三项议程：1. 讨论如何进一步贯彻以农业为基础的方针，尽快地把农业生产搞上去，以及《关于加快农业发展速度的决定（草案）》和《农村人民公社工作条例（试行草案）》两个文件；2. 商定1979、1980两年国民经济计划的安排；3. 讨论李先念在国务院务虚会上的讲话。按照这个议程，这次会议主要是讨论经济工作，并不涉及全党工作重点转移的根本问题。如果把这次会议开成一次一般性的工作会议，十一

1980年，四川首先在广汉县进行了建立乡政府的改革试点。图为全国最早建立的四川广汉县向阳乡人民政府挂牌。

届三中全会就不可能发生重大转折。

关键时刻，邓小平再一次发挥了关键的作用。在中央工作会议召开以前，邓小平提出应该在讨论经济工作之前，首先讨论一下全党工作重点转移的问题，这一建议得到了中央政治局大多数常委的支持。于是，华国锋11月10日，在中央工作会议开幕会上宣布三项议程之后，接着代表政治局宣布："在讨论上面这些议题之前，先讨论一个问题，这就是在新时期总任务总路线指引下，从明年一月起把全党工作的着重点转移到社会主义现代化建设上来"，并说"这是一个关系全局的问题，是我们这次会议的中心思想"。这个问题的提出，引出了一系列与之相关的问题，实际上根本改变了会议原定的主题。

代表们围绕工作重点转移问题，展开了热烈的讨论，迅速突破了原定议题。产生最大影响的是11月12日陈云在东北组的发言，他提出揭批"四人帮"运动中遗留的那些影响大或者涉及面很广的问题是需要由中央考虑和作出决定的，他举出六大问题，都涉及重新评定"文革"中、"文革"前的重大政治事件和某些重大历史问题，实际上是要纠正"左"倾错误，因而当即得到了与会同志的热烈响应，会议气氛为之一振。聂荣臻在东北组，康克清在华北组，宋任穷、肖华在西北组，以及其他许多与会同志，都就陈云提出的这些问题发表意见，并补充提出其他一些必须由中央考虑作出平反决定的重大案件。从这天起，大家敞开思想，讲心里话，讲实在话，提出了尽快停止"以阶级斗争为纲"，全面进行拨乱反正，平反冤假错案，解决历史遗留问题，发扬民主，健全法制，健全党内民主生活，实行改革开放等一系列重大建议。会议开得空前热烈，生动活泼。在邓小平、陈云等人的积极推动下，在与会同志的共同努力下，会议果断地停止使用"以阶级斗争为纲"的口号，作出了坚决把全党工作的重点转移到经济建设上来的重大决定，并围绕这个问题，审查和解决了历史上遗留下来的一批重大问题和一些领导人的功过是非问题，决定发扬民主，加强法制，健全党规党法，严肃党纪，实行改革开放。可以说，正是邓小平关于实行工作重点转移的重大倡议，使这次中央工作会议为十一届三中全会的召开做好了准备，使十一届三中全会开成了一次具有伟大转折意义的重要会议。

历史转折得以实现，最初由于邓小平的提议中央工作会议先用两三天的时间讨论从 1979 年起把全党工作重点转移到社会主义现代化建设上来的问题，之后由陈云举起了突破局面的"火把"，此后全体与会人员进行的面对面的、完全民主的激烈争论构成实现转折的主要力量。这种力量不是来自邓小平一个人，而是来自全体与会同志，来自中国共产党的生命力和战斗力。甚至包括在会议上受到批评的一些同志，他们也没有强行压制会议进行，并在一定时机做了检讨，顺应了局势发展，客观上有利于历史转折的实现。但是，我们需要看到，转折力量的爆发是针对解决冤假错案等历史问题而引起的，是直接指向中央领导力、组织和人事问题的。这种力量是强大的，如果得不到恰当的引导，可能会造成党的领导的混乱，这在世界历史上有前车之鉴，很可能不会像今天看到的那样顺利地转向经济建设，最终影响四个现代化的实现，这是邓小平最不愿意看到的。"破"然后需要"立"。邓小平通过一系列行动和多种努力，举重若轻地引导着转折力量"向前看"，较少地纠结历史问题，在国内保持安定团结，在国外争取良好环境，引导全国人民向前看，搞四个现代化。

中央工作会议开幕之时，邓小平不在国内。11 月 5 日，邓小平开始访问泰国、马来西亚、新加坡，这是中华人民共和国领导人第一次访问这三个国家，为我国争取良好的周边环境发挥了重要作用。陈云在东北组发出六发"响炮"的同时，邓小平正在新加坡与李光耀总理会谈。所以邓小平没有参加中央工作会议前半期的激烈争论，他是 11 月 14 日晚上才回到北京的。但是一回到北京，邓小平马上成为会内会外的主角，进行了一系列重要活动。到 25 日，华国锋在第三次全体会议上代表中央政治局讲话，宣布为"天安门事件"和涉及党的领导人的一些已经查明的重大错案平反，这标志着围绕历史转折的斗争已经取得了阶段性胜利。此后，邓小平为引导历史转折开展了一系列行动，概括来说，可以分为三大类：系列讲话，外事谈话，主题报告的起草和发表。

中央工作会议期间，邓小平在各种场合发表的一系列讲话，发挥了重要的引导作用，可以 11 月 25 日下午，邓小平和华国锋、叶剑英、李先念、汪东兴听取中共北京市委负责人林乎加、贾庭三和共青团中央负责人韩英、胡启立汇报时的讲话为代表。在这个讲话中，邓小平指出："现在，有的人提出一些历史问题，有些历史问题要解决，不解决就会使很多人背包袱，不能轻装前进。有些历史问题，在一定的历史时期内不能勉强去解决。有些事件我们这一代人解决不了的，让下一代人去解决，时间越远越看得清楚。有些问题可以讲清楚，有些问题一下子不容易讲清楚，硬要去扯，分散党和人民的注意力，不符合党和人民的根本利益。现在报上讨论真理标准问题，讨论得很好，思想很活泼，不能说那些文章是对着毛主席的，那样人家就不好讲话了。但讲问题，要注意恰如其分，要注意后果。迈过一步，真理就变成谬误了。""外国人问我，对毛主席的评价，可不可以像对斯大林评价那样三七开？我肯定地回答，不能这样讲。党中央、中国人民永远不会干赫鲁晓夫那样的事。"他还谈道："现在中央的路线，就是安定团结，稳定局势，搞社会主义现代化。国际上也十分注意我们国内局势是不是能够保持稳定。引进新技术，利用外资，你稳定了，人家才敢和你打交道。安定团结是实现四个现代化的必要政治条件，不能破坏安定团结的局面。这是中央的战略部署，这是大局。我们处理任何问题，都要从大局着眼，小局服从大局，小道理服从大道理。不搞什么新运动，不要提中央没有提的什么运动。要引导群众向前看。平反工作，中央和各地都在抓紧处理，都是有领导、有步骤地进行的。林彪、'四人帮'破坏造成的一些遗留问题，都可以逐步解决。解决这些问题是为了创造一个安定团结的稳定局势，把各种积极因素调动起来。"

同时，邓小平多次在与外宾的谈话中切中时政，提出很多重要观点，释放出明确的信号，在告知世界的同时，也通过各种渠道对国内政治产生影响。这里以1978年11月26日邓小平会见佐佐木良作率领的日本民社党第二次访华团时的谈话为例。

11月26日上午10点，在人民大会堂南门接待厅，邓小平会见了日本民社党第二次访华团，在一个半小时的谈话中，邓小平谈道："有错必纠是毛主席历来提倡的。对天安门事件处理错了，当然应该纠正。如果还有别的事情过去处理不正确，也应该实事求是地加以纠正。勇于纠正错误，这是有信心的表现。当然，解决这样复杂的问题总要有一个过程，现在时机成熟了。有人有一个错觉，以为重新评价天安门事件又要乱，其实不会，人民是可以信任的。过去'四人帮'不让发表不同意见，结果激起了一九七六年清明节人民的义愤。天安门事件确实没有任何组织，完全是群众自发的啊！反映了人民的觉悟水平、政治水平。群众是最希望安定团结的局面。现在不但中央的领导，地方的领导也一样，都一心一意要搞四个现代化。搞四个现代化没有安定团结的局面是不行的。""我们处理这些问题就是要把过去的问题了结一下，使全国人民向前看。所有错案、冤案，人民和干部不满意的事，一起解决。了结了这些问题，大家心情就舒畅了，一心一意向前看，搞四个现代化。对这个问题，可以说我们全党是百分之百的一致。"

日本时事社当天以《没有必要就天安门事件作出新的决定——邓小平副主席谈话要点》为题，将邓小平的谈话总结为19条。电文从北京传达东京，日本共同社于26日晚对此进行了报道，美联社、法新社、合众社、路透社——西方四大通讯社先后于当日北京时间19点以后据共同社消息做了转播。27日晚7点到11点半,邓小平和华国锋、叶剑英、李先念、汪东兴听取中共中央工作会议各召集人彭冲、王恩茂、秦基伟、段君毅、汪锋、安平生的汇报。在这次汇报中,大家提出邓小平26日同佐佐木良作谈话的19条可否向干部传达,并根据谈话精神向群众做工作,邓小平表态:"那个谈话的概括基本正确。"华国锋表示:"小平同志和日本民社党佐佐木那个谈话可以传达。"于是,会上的讲话迅速传达到各分组,邓小平同佐佐木的谈话要点,中央工作会议秘书组也在28日印发给与会人员。这样,邓小平外事谈话的精神就迅速在会内发挥作用,他的思路开始被与会人员接受。

就这样,在中央工作会议期间,邓小平的一系列讲话和外事谈话,将一系列鲜明观点、明确信号和清晰思路表达出来,依靠邓小平长期积累的政治威望,众望所归的社会要求,在历史转折的关键进程中发挥了关键的引导作用,为主题报告的发表打下了良好的基础。最终,在十一届三中全会上,历史转折得以实现,而标志正是邓小平在中央工作会议闭幕会上发表的被称作"改革开放的第一个宣言书"的主题报告——《解放思想,实事求是,团结一致向前看》。

邓小平对这个讲话非常重视,在10月出访日本之前,他就找有关的同志谈了自己的意见,让他们围绕工作重点转移问题,起草一个初稿。这个初稿在中央工作会议之前就写了出来。但会议的进展很快,工作重点转移的问题顺利地得到了解决,会上又提出了很多新的问题,需要及时地作出回答,例如:如何评价真理标准问题的大讨论;如何解决重大冤假错案平反以后一些群众提出的进一步要求;如何处理全面拨乱反正、纠正"文化大革命"的错误和维护毛泽东的历史地位,实现安定团结的关系;如何解决会上提出的人事变动的要求以及可能会由此引起的国际反应;等等。这些问题不解决,认识就不能统一,全党就不能很好地团结起来,顺利实现工作重点的转移。于是,邓小平根据会上提出的新问

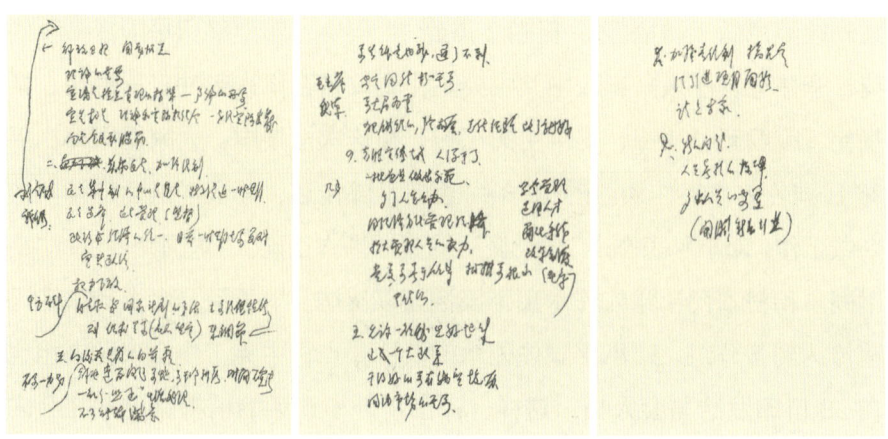

1978年12月13日,邓小平在中央工作会议上所作题为《解放思想,实事求是,团结一致向前看》的讲话,实际上成为中共十一届三中全会的主题报告。图为邓小平拟定的讲话提纲手稿。

题和国内外的反应,用铅笔写了一个约500字的提纲,然后于12月2日找有关同志去谈想法。这个提纲共七个部分:1.解放思想,开动机器;2.发扬民主,加强法制;3.向后看为的是向前看;4.克服官僚主义、人浮于事;5.允许一部分先好起来;6.加强责任制,搞几定;7.新的问题。12月5日,他又找起草者谈文稿的修改,讲了四个问题:1.解放思想;2.发扬民主;3.向前看;4.研究和解决新问题。这次谈话,明确了讲话稿的写法和内容,确定了基本框架。12月9日,他再次约见起草者,逐字逐句地进行审阅修改,又谈了很多重要的意见,文稿的内容基本确定。后来,他又几次约见起草者,谈了一些修改意见,最后作了一些修改和润色加工。从讲话稿的起草过程来看,这个讲话稿完全是在邓小平的直接指导下,根据他的思想写成的,其中许多重要的内容,都是他本人的原话。

12月13日下午4点,邓小平在中央工作会议闭幕会上,作了这篇题为《解放思想,实事求是,团结一致向前看》的重要讲话。讲话围绕全党工作重点的转移，着重讲了四个方面的重大问题，提出了一系列重大的原则和政策。正是这个重要讲话，为十一届三中全会提供了正确的指导思想，保证了会议的成功召开和伟大转折的顺利实现。因此，当时参加会议的同志无不受到极大的鼓舞，有人回忆："当时听了邓小平的这个讲话，就兴奋地预感到：十一届三中全会是一个划时代的会议。"

随着社会的发展进步，这次历史转折的意义愈加显著，其中重要一点就是它构成了小康目标提出的社会基础。

第1章 奠定小康诞生的社会基础

第 2 章
提出小康社会的完整目标

中国式的现代化

中国与世界现代化先进水平之间的巨大差距，促使邓小平思考既定的"在 20 世纪末实现四个现代化"目标的可行性。他感到"我们头脑里开始想的同我们在摸索中遇到的实际情况有差距"，"在本世纪末我们肯定不能达到日本、欧洲、美国和第三世界中有些发达国家的水平"。因此，他在 1978 年 9 月 6 日会见来访的日本新闻界人士时，对到 20 世纪末中国要实现的"四个现代化"目标作出了比较"保守"的解释：就是到 20 世纪末，我们实现了四个现代化，我们也还是不富，我们的水平比你们差得远。

1978 年底，十一届三中全会开始了以改革开放为鲜明特征的新时期。与此同时，因高指标造成的国民经济比例关系严重失调的矛盾日益显现，对经济进行大规模调整，已经迫在眉睫。

1979 年 3 月 21 日至 23 日，中央政治局召开会议，讨论 1979 年国民经济计划和国民经济调整问题。会上，国家计委提交了修改 1979 年计划的建议，认为：1978 年建设规模搞大了，引进搞急了，钢搞多了，加剧了国民经济比例的失调，要下决心进行调整，加强农业和轻工业，缩短基本建设战线，工业速度由 12% 降为 8%。中央政治局同意国家计委的建议。21日，陈云在会上特别指出："我们搞四个现代化，建设社会主义强国，是在什么情况下进行的。讲实事求是，先要把'实事'搞清楚。这个问题不搞清楚，什么事情也搞不好。""我们国家是一个九亿多人口的大国，百分之八十的人口是农民。革命胜利三十年了，人民要求改善生活。有没有改善？有。但不少地方还有要饭的，这是一个大问题。""一方面我们还很穷，另一方面要经过二十年，即在本世纪末实现四个现代化。这是一个矛盾。人口多，要提高生活水平不容易；搞现代化用人少，就业难。我们只能在这种矛盾中搞四化。这个现实的情况，是制定建设蓝图的出发点。"23日，邓小平在会上指出："中心任务是三年调整，这是个大方针、大政策。经过调整，会更快地形成新的生产能力。这次调整，首先要有决心，东照顾西照顾不行，决心很大才干得成。要看到困难，把道理讲清楚，把工作做充分。""过去提以粮为纲、以钢为纲，现在到该总结的时候了。"4月5日至28日，中央工作会议确定用三年时间对国民经济实行以调整为中心的"调整、改革、整顿、提高"方针。

在领导经济调整的过程中，邓小平、陈云等人根据中国的国情并参照世界各国现代化的进程，重新思考在国家基础薄弱、财力严重不足的情况下，实现现代化需要多快的速度，中国的"四个现代化"到20世纪末究竟要达到一个什么水平的问题。

1979年3月21日，邓小平在会见以马尔科姆·麦克唐纳为团长的英中文化协会执行委员会代表团时，第一次提出了"中国式的四个现代化"的概念："我们定的目标是在本世纪末实现四个现代化。我们的概念与西方不同，我姑且用个新说法，叫作中国式的四个现代化。现在我们的技术水平还是你们五十年代的水平。如果本世纪末能达到你们七十年代的水平，那就很了不起。就是达到这个水平，也还要做许多努力。由于缺乏经验，实现四个现代化可能比想象的还要困难些。"

> 指引　从小康到共同富裕

▎【百姓相册】1979年的叶根土一家。（徐永辉 摄影）

　　两天后，邓小平在中央政治局会议上把"中国式的四个现代化"表述为"中国式的现代化"："我同外国人谈话，用了一个新名词：中国式的现代化。到本世纪末，我们大概只能达到发达国家七十年代的水平，人均收入不可能很高。"

　　3月30日，邓小平在理论工作务虚会上对"中国式的现代化"作了全面深入的阐发，尤其是结合了我国的国情："底子薄"和"人口多，耕地少"是中国现代化建设"必须看到"和"必须考虑"的"两个重要特点"。"由于底子太薄，现在中国仍然是世界上很贫穷的国家之一。中国的科学技术力量很不足，科学技术水平从总体上看要比世界先进国家落后二三十年。""耕地少，人口多特别是农民多，这种情况不是很容易改变的。"因此，"中国式的现代化，必须从中国的特点出发"。

"中国式的现代化"是一个新概念，同"四个现代化"相比，它有什么不同？"中国式的现代化"是什么样的现代化？

几个月后，7月28日，邓小平在青岛第一次为"中国式的现代化"定出标准："搞现代化就是要加快步伐，搞富的社会主义，不是搞穷的社会主义"，"如果我们人均收入达到1000美元，就很不错，可以吃得好，穿得好，用得好"。"人均收入达到1000美元"，"吃得好，穿得好，用得好"，这就是到20世纪末要实现的"中国式的现代化"。人均1000美元，这是参照西方发达国家人均收入得出的标准。用"吃得好，穿得好，用得好"这样老百姓的家常话来描述现代化发展目标，使"现代化"这样一个抽象的概念，变得普通人民群众都很容易理解和掌握。

有一个标准了，但人均收入达到1000美元，究竟怎么样？能不能达到？邓小平还在进一步思考。

又过了两个多月，10月4日，在省、市、自治区党委第一书记座谈会上，邓小平参照国际上通用的人均国民生产总值的衡量标准，对"中国式的现代化"目标做进一步的解释和说明："所谓政治，就是四个现代化。我们开了大口，本世纪末实现四个现代化。后来改了个口，叫中国式的现代化，就是把标准放低一点。特别是国民生产总值，按人口平均来说不会很高。据澳大利亚的一个统计材料说，一九七七年，美国的国民生产总值按人口平均为八千七百多美元，占世界第五位。第一位是科威特，一万一千多美元。第二位是瑞士，一万美元。第三位是瑞典，九千四百多美元。第四位是挪威，八千八百多美元。我们到本世纪末国民生产总值能不能达到人均上千美元？前一时期我讲了一个意见，等到人均达到一千美元的时候，我们的日子可能就比较好过了"，"现在我们的国民生产总值人均大概不到三百美元，要提高两三倍不容易。我们还是要艰苦奋斗。就是降低原来的设想，完成低的目标，也得很好地抓紧工作，要全力以赴，抓得很细，很具体，很有效"。

提出小康

1988年8月26日，邓小平会见日本首相竹下登，在回顾提出小康目标的过程时说："提到这件事，我怀念大平先生。我们提出在本世纪内翻两番，是在他的启发下确定的。"2018年12月18日，在庆祝改革开放40周年大会上，党中央、国务院向十位国际友人颁授中国改革友谊奖章，其中也包括大平正芳，他被称赞为"推动中日邦交正常化、支持中国改革开放的政治家"。

第二次世界大战结束以后，日本为侵略战争付出惨重代价，国家被美国占领，城市、工厂被炸成一片废墟，战争债务和赔款让财政捉襟见肘。然而，就是这样一个基础薄弱、资源缺乏的国家，从1955年开始，在"经济现代化"的口号下，实现了长达20年的高速经济增长，1968年成为世界第二经济大国，创造了现代化的奇迹。

1960年池田勇人内阁提出《国民收入倍增计划》，用十年内增加国民收入一倍的目标，吸引人们从政治纷争转入经济建设，极大地促进了现代化进程。

大平正芳作为内阁官房长官，是大政方针的实际制定者之一。他负责拟订了以这个计划为基础的池田内阁新政策体系，将池田的设想具体化，在日本现代化中扮演了重要角色。

邓小平盛赞，大平是日本屈指可数的可以信赖的政治家，他与大平正芳有三次会面。1978年10月邓小平访日时，就特意拜会了时任自民党干事长的大平正芳，并对他说："一九七二年阁下和田中前首相一起访华，实现中日邦交正常化，为发展中日关系开辟了道路。签订了中日和平友好条约，我们要感谢福田首相的决断，同样也要感谢田中前首相和大平前外相。"1979年2月，邓小平访美归程，大平已担任日本首相，邓小平又专程到日本与他见面。1979年12月6日，大平正芳以日本首相身份访华，邓小平再次会见了他。这次两位老朋友重逢，都十分高兴，非常亲热，紧握的双手迟迟不肯松开。

此时，中国的现代化雄心，也引起了日本的极大关注。中国能用20来年时间赶上日本？人们的普遍反应是不相信。这种心情也直接影响着日本在中国投资和开展合作的信心。

作为亲历日本现代化的行家，大平正芳对中国用20年实现"四个现代化"也不相信。因此谈话一开始，他就向邓小平提出了两个日本国内议论较多的问题："中国根据自己独自的立场提出了宏伟的现代化规划，要把中国建设成伟大的社会主义国家。中国将来会是什么样？整个现代化的蓝图是如何构思的？"大平正芳问这些问题，也是有特殊含义的。他知道中国当时的情况，说用20年的时间就能达到世界强国的水平，这个目标显然是不切实际的。如果邓小平的回答空而无物，他也要重新评估与中国合作的风险。

对此，邓小平略做思考，回答道："我们要实现的四个现代化，是中国式的四个现代化。我们的四个现代化的概念，不是像你们那样的现代化的概念，而是'小康之家'。到本世纪末，中国的四个现代化即使达到了某种目标，我们的国民生产总值人均水平也还是很低的。要达到第三世界中比较富裕一点的国家的水平，比如国民生产总值人均1000美元，也还得付出很大的努力。就算达到那样的水平，同西方来比，也还是落后的。所以，我只能说，中国到那时也还是一个小康的状态。"

邓小平的这一突如其来的重要表述令当时担任翻译的王效贤非常为难，她说："当时给我愣住了，小康社会我没想过啊，我也没听过这词儿，怎么翻呢？我翻不出来。"还好她的反应很快："日本和中国有个方便的地方，因为小康都是中国字嘛，我用日文一念，念过去了，念过去，

指引 从小康到共同富裕

■【百姓相册】1983年，叶根土的女儿叶桂凤。（徐永辉 摄影）

我就看着大平他能不能听懂，他会不会，皱眉头听不懂。我一看他笑了，他听懂了。因为，日本也有小康这词。什么叫小康呢？就是人病重康复期间，叫小康状态。"

邓小平说明了，中国20世纪末的现代化，只是达到不穷不富的生活状态，远达不到强国水平，与日本相比还差得远。另一方面，邓小平开始勾画出中国式现代化的明确目标，那就是人均国民生产总值翻两番，从250美元到1000美元，人民生活达到小康。

大平正芳听懂了"小康"一词，他对邓小平说，祝您和中国人民早日小康。大平正芳在这次访华半年后不幸辞世。邓小平前往日本驻中国使馆吊唁，并在留言簿上题词："大平先生是一个卓越的政治家，他为发展中日两国关系，作出了重要的贡献，我们永远铭记着他。"他还对日本外相伊东正义表示："大平先生的去世，使中国失掉了一位很好的朋友，对我个人来说，也是失掉了一位很好的朋友，感到非常惋惜。尽管他去世了，中国人民还会记住他的名字。"后来，邓小平在会见日本客人时曾多次提到，小康是大平正芳首相考他以后，他才想出来的一个词。

"小康"这个词，成为影响中国和世界今后几十年命运的重要设想。大平首相的启发、世界先进水平的激励是一个方面，同时，邓小平立足于中国的实际情况，对小康社会进行了长时间的思考，经历了艰辛的探索过程。

调研算账

小康目标虽然是一个"目标定低"了的"中国式的现代化"目标，但是，要真正实现小康还是困难重重。据20世纪80年代初有关部门的估计，中国要在20世纪末达到人均1000美元，每年需要8%至10%的增长率。而当时在制定长期规划时，确定第六个五年计划（1981年到1985年）的年均增长率为4%到5%。

人均国民生产总值1000美元的目标究竟能不能达到？一向尊重实际的邓小平又做了深入的调查研究。

1980年6月到7月，邓小平先后到陕西、四川、湖北、河南等地考察。7月22日，他在听取河南省委第一书记段君毅、第二书记胡立教的工作汇报后说："对如何实现小康，我作了一些调查，让江苏、广东、山东、湖北、东北三省等省份，一个省一个省算账。我对这件事最感兴趣。八亿人口能够达到小康水平，这就是一件很了不起的事情。""你们河南地处中原"，"河南是中州，是处于中等水平，也是个标准"。"'中原标准'、'中州标准'有一定的代表性。""河南能上去，其他一些省也应该能上去。"

经过实地调研，邓小平感到人均 1000 美元难以达到，因此在 1980 年 10 月首次把 1000 美元调整为 800 至 1000 美元。他说："经过这一时期的摸索，看来达到一千美元也不容易，比如说八百、九百，就算八百，也算是一个小康生活了。"如果"到本世纪末人均国民生产总值达到一千美元"，"国民生产总值就要超过一万二千亿美元，因为到那时我们人口至少有十二亿"，我们"争取人均达到一千美元，最低达到八百美元"。

这个构想在 1981 年 11 月被写入五届人大四次会议通过的《政府工作报告》："力争用二十年的时间使工农业总产值翻两番，使人民的消费达到小康水平。到那时，我们国家的经济就可以从新的起点出发，比较快地达到经济比较发达国家的水平。"

1982 年 8 月，邓小平对美籍华人科学家邓昌黎、陈树柏、牛满江、葛守仁、聂华桐等人进一步解释说："我们提出二十年改变面貌，不是胡思乱想、海阔天空的变化，只是达到一个小康社会的变化，这是有把握的。小康是指国民生产总值达到一万亿美元，人均八百美元。社会主义制度收入分配是合理的，赤贫的现象可以消灭。到那时，国民收入的百分之一分配到科学教育事业，情况就会大不同于现在。""搞了一二年，看来小康目标能够实现。前十年打基础，后十年跑得快一点。"

1982 年 9 月，党的十二大正式把在 20 世纪末实现小康目标的构想确定为今后 20 年中国经济发展的战略目标：从 1981 年到 20 世纪末的 20 年，力争使全国工农业的年总产值翻两番，即由 1980 年的 7100 亿元增加到 2000 年的 2.8 万亿元左右。党的十二大报告指出："实现了这个目标，我国国民收入总额和主要工农业产品的产量将居于世界前列，整个国民经济的现代化过程将取得重大进展，城乡人民的收入将成倍增长，人民的物质文化生活可以达到小康水平。"

党的十二大确定的到 2000 年"翻两番"、达到 2.8 万亿元左右，是指我国当时常用的全国工农业年总产值。把 2.8 万亿元的全国工农业年总产值换算为国际通用的国民生产总值，并按照不变价格和 1980 年人民币与美元的汇率计算，就是 1 万亿美元左右。如果按照人口年均增长 12.5‰计算，2000 年以后我国人口将达到 12 亿，那么人均国民生产总值就是 800 美元，这也就是邓小平所说的"小康水平"。

小康社会

目标确立了，邓小平仍在思考这个目标究竟能不能按时实现。一个月后，他对国家计委负责人宋平说道："到本世纪末，二十年的奋斗目标定了，工农业总产值翻两番。靠不靠得住？十二大说靠得住。相信是靠得住的。但究竟靠不靠得住，还要看今后的工作。"

为了确认这件事，1983 年 2 月，邓小平决定到经济发展较快的江苏、浙江、上海等地考察。

1983 年 2 月 6 日，一列从北京开来的专列缓缓驶入苏州站台，这是邓小平第二次来到这座千年古城。尽管春节还没到，但春天的气息已经悄然而至了。

早在 24 年前，1959 年的春天，邓小平就曾经到苏州视察。与那一次苏州之行的轻松相比，这一次，在 79 岁的邓小平心里，其实有着一个沉甸甸的思考。

中国有句古话，"上有天堂，下有苏杭"。唐代安史之乱后，中国的经济重心南移，苏州和杭州长期担纲中国经济最发达的地区。邓小平选择到这两个地方去看一看，如果这里都不能达到小康的话，那么就说明他提出的小康目标还是不切实际的，就还需要修改。

2 月 6 日下午，邓小平抵达苏州，下榻南园宾馆。第二天，年近八旬的他顾不上旅途劳顿,约见当时江苏省委、苏州地委和苏州市委的负责同志。邓小平心中迫切想知道的答案是:到 2000 年,江苏能不能实现全省工农业总产值翻两番?

邓小平了解到:在 1977 年至 1982 年的 6 年间,江苏全省工农业总产值翻了一番。照这样的速度,不用 20 年就有把握实现"翻两番"的目标。第十届全国人大常委会副委员长、时任江苏省省长的顾秀莲回顾,"当时听完了我们汇报以后,他(邓小平)非常高兴,说你们这个地方怎么发展得这么好呢","你们在这个基础上是不是能再翻一番啊?我们说能"。

邓小平听了很高兴,他又问苏州的同志:苏州有没有信心,有没有可能?时任苏州地委书记的戴心思,是一位在 1940 年就参加革命工作的南下老同志。作为党的十二大代表的他,其实对这个问题的答案早已胸有成竹。他扳着手指头报了一组数字:1978 年的苏州工农业总产值为 65.59 亿元,到 1982 年年底,工农业总产值已经增加到 104.88 亿元了,按照这个速度,五六年时间就可以翻一番。恐怕不用到本世纪末,预计可能要提前十年、八年翻两番。

在苏州考察的这几天里,邓小平认真地看了苏州方面准备的 16 份典型材料,考察中既看了城市面貌,又看了农村现状,发现农村的房子开始盖成两层楼,老百姓显然比原来富裕多了。沉默寡言的他,因为心中问题有了肯定的答案而感到由衷高兴。

虎丘塔,苏州著名的历史景观和文化坐标,比意大利比萨斜塔早建 200 多年,被国外建筑家称为"中国的比萨斜塔"。2 月 9 日上午,来自全国各地的游客在千年虎丘塔下游览,邓小平也在其中一起欣赏美景。不过,他仍没有忘了提问。戴心思回忆:"他(邓小平)说我问你啊,你们现在经济发展达到什么样的水平?我说按照美元和人民币的折算大概接近 800 美元了。他说 800 美元了,不就是小康吗?我理解他这个小康,就是农村的富裕中农的水平。"这一年苏州工农业总产值人均1300多元，按当时的比价已接近人均800美元。

于是，邓小平又开始反复询问：人均800美元，达到这样的水平，社会是什么面貌？回北京后，邓小平揭晓了他得到的答案："现在，苏州市工农业总产值人均接近八百美元。我问江苏的同志，达到这样的水平，社会上是一个什么面貌？发展前景是什么样子？他们说，在这样的水平上，下面这些问题都解决了：

"第一，人民的吃穿用问题解决了，基本生活有了保障；

"第二，住房问题解决了，人均达到二十平方米，因为土地不足，向空中发展，小城镇和农村盖二三层楼房的已经不少；

"第三，就业问题解决了，城镇基本上没有待业劳动者了；

"第四，人不再外流了，农村的人总想往大城市跑的情况已经改变；

"第五，中小学教育普及了，教育、文化、体育和其他公共福利事业有能力自己安排了；

"第六，人们的精神面貌变化了，犯罪行为大大减少。"

他认为："这几条就了不起呀！""真正到了小康的时候，人的精神面貌就不同了。物质是基础，人民的物质生活好起来，文化水平提高了，精神面貌会有大变化。""当然我们总还要做教育工作，人的工作，那是永远不能少的。但经济发展是个基础，在这个基础上工作就好做了。"后来的发展实践为邓小平心中的这本大账做了最好的注解：苏州实现工农业总产值"翻两番"的目标整整提前了12年。

不仅是苏州，邓小平在杭州也了解到：1980年浙江工农业总产值人均330美元，预计1990年可以达到人均660美元，到2000年达到人均1300美元，通过努力，可以翻三番。邓小平特别提出，到2000年，江苏、浙江应该多翻一点，拉一拉青海、甘肃、宁夏这些基础落后的地方，以保证达到全国翻两番的目标。

江浙沪之行使邓小平对实现翻两番的小康目标充满了信心。他喜气洋洋地告诉大家,"占世界人口四分之一的中国在本世纪末摆脱贫困落后的状态,建成一个小康社会","这个目标不会落空","翻两番肯定能够实现"。他根据最新实践提出"小康社会"的六条新标准,不只是经济方面,而是包括政治、教育、文化和社会、法制等各个方面;不仅描述了经济发展和人民生活的小康水平,还描述了整个社会发展的小康水平,从而设计出一个经济社会协调、全面发展的新的社会发展目标。至此,"小康社会"理论初步形成。

1984年10月,邓小平在中央顾问委员会第三次全体会议上阐释道:"翻两番的意义很大。这意味着到本世纪末,年国民生产总值达到一万亿美元。从总量说,就居于世界前列了。这一万亿美元,反映到人民生活上,我们就叫小康水平;反映到国力上,就是较强的国家。因为到那时,如果拿国民生产总值的百分之一来搞国防,就是一百亿,要改善一点装备容易得很。""如果用于科学教育,就可以开办好多大学,普及教育也就可以用更多的力量来办了。智力投资应该绝不止百分之一。""那时会是个什么样的政治局面?我看真正的安定团结是肯定的。国家的力量真正是强大起来了,中国在国际上的影响也会大大不同了。"

"小康社会"理论使小康由单一的经济目标,拓展到政治、教育、文化、社会、法制等各个方面,成为指导社会全面发展的综合目标,并且已经开始取得实效,实现了理论和实践双重意义上的重要完善。"人民生活,到本世纪达到小康水平,比现在要好得多。""奔小康"的清晰追求,引领全国人民改天换地,将小康的理想变成现实的生活。根据全面改革后的经济发展形势,到1985年10月,邓小平预见:20世纪末人均国民生产总值800美元小康水平的目标"肯定能实现,还会超过一点"。

三步走

制定出 20 世纪末的小康社会目标后,邓小平开始考虑中国发展更长远的目标。在他看来,虽然自己活不到那个时候,但有责任提出那个时候的目标。

早在 1980 年 12 月,邓小平就在中央召开的经济调整会议上提出:在本世纪末中国的现代化建设达到小康水平以后,要继续前进,逐步达到更高程度的现代化。他反复强调:即使实现了小康目标,我国的经济水平与西方发达国家还有很大的差距,小康目标只是中国现代化的最低目标,真正达到基本实现现代化,还需要更长时间的努力和奋斗。

1981 年 9 月,邓小平说:"实现四个现代化是相当大的目标,要相当长的时间。本世纪末也只能搞一个小康社会,要达到西方比较发达国家的水平,至少还要再加上三十年到五十年的时间,恐怕要到二十一世纪末。"11 月,他进一步提出,在实现小康社会的基础上,"在下个世纪再花三十年到五十年时间,接近西方的水平"。

20 世纪 80 年代中期,随着中国经济改革的重大进展和小康战略的逐步落实,邓小平对 21 世纪中国的发展目标也逐渐明朗。

1984 年 4 月 18 日,邓小平对英国外交大臣杰弗里·豪说:"自从大臣阁下一九七八年访华以来,中国发生了很大变化。但同我们的大目标相比,这仅仅是开始。我们的第一个目标就是到本世纪末达到小康水平,第二个目标就是要在三十年至五十年内达到或接近发达国家的水平。"5 月 29 日,他在会见巴西总统若昂·菲格雷多时指出:在实现本世纪末翻两番的基础上,"再发展三十年到五十年,我们就可以接近发达国家的水平"。10 月 6 日,他再次表述:"我们第一步是实现翻两番,需要二十年,还有第二步,需要三十年到五十年,恐怕是要五十年,接近发达国家的水平。"

进入 1986 年后，邓小平的设想渐趋成熟。根据最新的发展形势，这年 6 月，邓小平把小康社会目标的标准从"人均八百美元"调整为"八百至一千美元"。此后，他一直沿用这一说法。到 1987 年，邓小平又对发展目标做了一个重要调整，即把"接近发达国家的水平"改为"达到中等发达水平"或"成为中等发达国家"。

1987 年 2 月 18 日，在与加蓬总统邦戈会谈时，邓小平修改了之前一直采用的"达到或接近发达国家的水平"的目标，转而提出："到下世纪中叶我们建成中等发达水平的社会主义国家。"3 月 8 日，他在会见坦桑尼亚总统尼雷尔时谈道：在本世纪末有了总产值一万亿美元这个基础，争取达到中等发达国家的水平是有希望的。4 月 16 日，邓小平会见香港基本法起草委员会委员，就中国内政外交等诸多问题发表了内容极为广泛的谈话，其中就包括中国 21 世纪的发展战略："更重要的是，有了这个基础，再过 50 年，再翻两番，达到人均 4000 美元的水平，在世界上虽然还是在几十名以下，但是中国是个中等发达的国家了。那时，15 亿人口，国民生产总值就是 6 万亿美元。"在这里，邓小平提出了"人均 4000 美元"和"国民生产总值 6 万亿美元"的量化目标，并在时间上和发达程度上正式确定为"50 年"和"中等发达"。

4 月 30 日，邓小平在同西班牙政府副首相格拉会谈时，第一次比较完整地概括了从新中国成立到 21 世纪中叶 100 年间中华民族百年图强的"三步走"经济发展战略："我们原定的目标是，第一步在八十年代翻一番。以一九八〇年为基数，当时国民生产总值人均只有二百五十美元，翻一番，达到五百美元。第二步是到本世纪末，再翻一番，人均达到一千美元。实现这个目标意味着我们进入小康社会，把贫困的中国变成小康的中国。那时国民生产总值超过一万亿美元，虽然人均数还很低，但是国家的力量有很大增加。我们制定的目标更重要的还是第三步，在下世纪用三十年到五十年再翻两番，大体上达到人均四千美元。做到这一步，中国就达到中等发达的水平。这是我们的雄心壮志。"至此，一个百年图强、分三步走的发展战略完整地形成了。5月7日上午，邓小平在会见保加利亚共产党中央总书记、国务委员会主席托多尔·日夫科夫时再次介绍了这一目标："我们党的十一届三中全会到现在整整八年时间，见效了，但这还只是我们走的第一步。因为我们制定的政策是搞七十年的政策。中国的工业、农业、科学、国防实现现代化要七十年时间，即本世纪二十年、下个世纪五十年。""到了下个世纪五十年代，实现第三步目标，我们中国人就可以说，在中国搞社会主义搞对了。"

同年10月，党的十三大正式确认了"三步走"发展战略：第一步，实现国民生产总值比1980年翻一番，解决人民的温饱问题。这个任务已经基本实现。第二步，到本世纪末，使国民生产总值再增长一倍，人民生活达到小康水平。第三步，到下个世纪中叶，人均国民生产总值达到中等发达国家水平，人民生活比较富裕，基本实现现代化。随着"三步走"战略的设计完成，完整的小康社会理论最终形成，为日后全面建设小康社会理论的形成和发展奠定了坚实的理论基础。

"三步走"战略的构想，逐步体现在国民经济和社会发展五年计划中。1989年，面对政治风波后对"三步走"战略和"翻两番"小康目标的一些疑虑，邓小平于6月9日及时指出："在六十一年后，一个十五亿人口的国家，达到中等发达国家的水平，是了不起的事情。实现这样一个目标，应该是能够做到的。不能因为这次事件的发生，就说我们的战略目标错了。"1990年3月，邓小平在和几位中央领导同志的谈话中，又一次强调了实现第二步战略目标的重要性，提出："要力争在治理整顿中早一点取得适度的发展"，"适度的要求就是确实保证这十年能够再翻一番。要按一九八〇年的固定价格，没有水分的，还要把人口增长的因素计算在内。这样算，究竟每年增长速度要达到多少？我们现在的算法究竟准不准确，可不可靠？年增百分之六的速度是不是真正能实现

> **指引** 从小康到共同富裕

第二个翻番？这个要老老实实地计算，要最终体现到人民生活水平上。生活水平究竟怎么样，人民对这个问题感觉敏锐得很。我们上面怎么算账也算不过他们，他们那里的账最真实。"党中央、国务院根据邓小平的指示精神，于1990年初开始组织力量，着手研究90年代改革的基本目标、方针和政策，最终形成了《中共中央关于制定国民经济和社会发展十年规划和"八五"计划的建议》，并在十三届七中全会上得到通过。这份文件站在跨世纪的高度，提出了90年代的奋斗目标，即20世纪最后十年实现国民生产总值翻一番，人民生活水平达到小康；规定了实现

第二步战略目标的一系列基本指导方针，如坚持走社会主义道路、坚持改革开放、坚持国民经济持续稳定协调发展；把十年规划、"八五"计划和第二步发展战略目标结合起来，使实现第二步发展战略的部署进一步具体化，充实和丰富了"三步走"发展战略的内容，从而为第二步战略目标的顺利实现提供了更大可能。

从中华人民共和国建立之日起，用一百年的时间，把中国建设成为一个具有中等发达国家水平的社会主义现代化国家，这是邓小平在领导经济体制改革过程中，从实际出发，为中国的经济发展绘制的一张宏伟蓝图。

实践证明，"三步走"发展战略是符合实际且非常有效的。习近平总书记在党的十九大报告中指出："改革开放之后，我们党对我国社会主义现代化建设作出战略安排，提出'三步走'战略目标。解决人民温饱问题、人民生活总体上达到小康水平这两个目标已提前实现。在这个基础上，我们党提出，到建党一百年时建成经济更加发展、民主更加健全、科教更加进步、文化更加繁荣、社会更加和谐、人民生活更加殷实的小康社会，然后再奋斗三十年，到新中国成立一百年时，基本实现现代化，把我国建成社会主义现代化国家。"党的十九大综合分析国际国内形势和我国发展条件，对从 2020 年到 21 世纪中叶的时期又进行了分两个阶段的规划设计，从全面建成小康社会到基本实现现代化，再到全面建成社会主义现代化强国，这是新时代中国特色社会主义发展的

1987 年 10 月 25 日至 11 月 1 日，党的十三大在北京举行。这次大会全面系统地阐述了社会主义初级阶段理论，明确概括了党在社会主义初级阶段"一个中心、两个基本点"的基本路线，确定了"三步走"发展战略。

战略安排。到 21 世纪中叶中华人民共和国成立 100 周年的时候，中国必将跻身于中等发达国家的行列，中华民族将对人类作出更大的贡献。习近平总书记指出："邓小平同志指导我们党正确认识我国所处的发展阶段和根本任务，制定了现代化建设'三步走'发展战略。"设计"三步走"，是事关党和国家事业长远发展的重大战略决策，是推进我国小康建设进程的重要一环。

富有感召力的奋斗目标

小康目标，首先是一个立足现实的降低了标准的现代化目标。小康要解决的问题，是既要使国家尽快地发展起来，人民生活迅速得以改善，又不能急于求成，脱离人口多、底子薄的国情实际。要实现真正的现代化，我们必须先经过一个摆脱贫穷、落后状态，实现小康的阶段。把现代化建设的着重点从生产力赶超转到人民生活的改善，把标准从赶超世界先进水平降到达到小康，从而避免脱离实际，出现大的折腾。提出小康目标，标志着中国共产党对中国现代化建设的艰巨性、复杂性和长期性有了清醒认识，开始找到一条符合实际的现实可行的发展道路。

而且，小康目标从一开始就是一个与先进的发展理念相融合的科学概念。要知道，当时我们常用的指标还是工农业生产总值，而小康吸收国际的先进理念，用世界通用的衡量一个国家或地区生产水平和生活水平的人均国民生产总值作为标准，为本来很抽象的社会发展目标概念确定了具体标准。这使"中国式的现代化"目标更容易为广大人民群众所掌握，同时也便于与世界各国做比照，根据各种新情况适时作出适当调整，从而成为动态、开放的发展目标。

通过建设小康社会，我国经济从 1984 年到 1988 年经历了一个加速发展的飞跃时期，除 1986 年增长 8.5 % 以外，其余年份的增长速度都在

10%以上。国民生产总值从1984年的7206.7亿元,增长到1988年的14922.3亿元,整整增长了一倍,提前实现了原定到1990年国民生产总值比1980年翻一番的目标。全国绝大多数地区基本解决了温饱问题,部分地区开始向小康水平过渡。贫困地区人民生活水平也有了不同程度的改善。"三步走"战略目标的第一步目标顺利实现,我国社会主义现代化建设开始接近20世纪末"翻两番"的小康目标了。

小康目标的提出,是以邓小平为核心的第二代中央领导集体,从中国的国情出发,并参考世界发达国家现代化建设的经验,对20世纪50年代以来我们党提出的"在本世纪末全面实现四个现代化"目标的重大战略性调整。这一目标的提出,非常有利于我们科学地制定和完善现代

【百姓相册】1989年,叶根土的二儿子叶兴友和儿媳高冬青种的早橘大丰收,一家人喜上眉梢。(徐永辉 摄影)

化发展具体战略,进而改造中国和世界的实际。习近平总书记指出:"我们党在不同历史时期,总是根据人民意愿和事业发展需要,提出富有感召力的奋斗目标,团结带领人民为之奋斗","使用'小康'这个概念来确立中国的发展目标,既符合中国发展实际,也容易得到最广大人民理解和支持"。

第 3 章
推动改革创新与小康建设

改革是解放生产力

小康建设启动之时,国家和人民刚刚从严重的思想禁锢中解脱出来,各种有形无形的束缚不可能在短期内完全消除。就像邓小平所说的:"书上没有的,文件上没有的,领导人没有讲过的,就不敢多说一句话,多做一件事,一切照抄照搬照转。"所以,邓小平很早就意识到,改革对于小康社会的建设至关重要。他明确地说:"要实现我们的雄心壮志,不改革不行。"

1984年10月10日,邓小平会见联邦德国总理科尔,在会谈中说道:"我们把改革当作一种革命。"

1985年3月7日,邓小平提出:"经济体制,科技体制,这两方面的改革都是为了解放生产力。"之后,他将改革提升到了社会主义本质的高度。8月21日,他说明:"改革的性质同过去的革命一样,也是为了扫除发展社会生产力的障碍,使中国摆脱贫穷落后的状态。从这个意义上说,改革也可以叫革命性的变革。我们的经济改革,概括一点说,就是对内搞活,对外开放。对内搞活经济,是活了社会主义,没有伤害社会主义的本质。"8月30日,他再次谈道:"过去我们搞土地革命,是解放生产力,现在搞体制改革也是解放生产力,这也是一场革命。"

到 1992 年"南方谈话"时，邓小平集中论述了改革是解放生产力的问题："革命是解放生产力，改革也是解放生产力。推翻帝国主义、封建主义、官僚资本主义的反动统治，使中国人民的生产力获得解放，这是革命，所以革命是解放生产力。社会主义基本制度确立以后，还要从根本上改变束缚生产力发展的经济体制，建立起充满生机和活力的社会主义经济体制，促进生产力的发展，这是改革，所以改革也是解放生产力。过去，只讲在社会主义条件下发展生产力，没有讲还要通过改革解放生产力，不完全。应该把解放生产力和发展生产力两个讲全了。"他将"解放生产力"带入了"社会主义本质论"的理论版图，而且放在"发展生产力"之前，更突出了改革的重要意义。

在邓小平不遗余力的倡导下，改革成为新的时代强音。不过，改革从来不是一件容易的事。在中国漫长的历史中，提倡改革者几乎没有成功的先例。改革是艰苦的、困难的，很多时候要冒风险，要承担责任。领导和推动改革，没有勇气和敢于担当的精神是不可能的。

2018 年，中国国内旅游超过 50 亿人次。旅游已是中国百姓习以为常的休闲方式，中国更有许多举世闻名的旅游胜地。然而，在 40 年前，这一切都难以想象。

1977 年 11 月 17 日，邓小平在广州听取广东省委负责人汇报时第一次作出发展旅游业的指示：中国把旅游事业搞好，随便就能挣二三十亿外汇。用这些外汇进口大中型设备有什么不好？"四人帮"搞的"洋奴哲学"帽子满天飞，把我们国家赚钱的路子都堵死了。

在此之前，中国还没有把旅游当作经济产业，甚至很少提到"旅游业"这个词，中国广袤的土地上虽有无数绝美景色，但无论海外还是国内的游客却均难窥其真容，秀丽山河只能空叹寂寥。

邓小平是党和国家领导人中提出旅游产业属性的第一人，他将其与轻工业、手工业、补偿贸易并列，作为改革开放的前导先行。

但是,在当时的中国发展旅游业,谈何容易。就连满足游客最基本的吃、住、行需求都困难重重。十年浩劫后,偌大的中国,尚无一家现代旅游饭店,国际化的酒店管理与服务都属空白。当时北京仅有七家涉外饭店,达到接待标准的床位只有 1000 张左右。而 1978 年,仅回乡探亲的侨胞、各国来华的旅游者,总数就高达 180 万人次,超过了此前 20 年的总和。

时任北京市旅游局副局长的侯锡九回忆:"因为没有饭店,不能够把客人马上拉到饭店去休息一下。当时还不敢说没有饭店,经常说你们日程安排得很紧,我们抓紧时间去旅游,所以下了飞机就把客人拉到什么颐和园啊,长城啊,去旅游。有一些来做公务活动的,有关单位也找不到饭店,就只好马上去进行商谈、会谈,就把客人拉走了。晚上回来等到上一批客人走了,这一批客人才能住进去。实在住不进去的,就只好拉到附近的城市去过夜,客人疲惫不堪。有的时候实在没办法,曾经还出现过半夜里调上飞机,送到南京过夜的现象。"

既然没有,何不新建一些呢?然而资金问题却成了拦路虎。当时我国百废待兴,需要花钱的地方实在太多。仅引进计划就需要花费 800 亿美元,而 1978 年末我国的外汇储备仅有 1.67 亿美元!邓小平慧眼独具,提出了当时大家想都不敢想的事——利用外资。他力推发展旅游业,本身也有吸引外资、为国家赚取外汇的考虑。

1978 年 10 月 9 日,也就是十一届三中全会的两个月前,邓小平对民航总局、旅游总局负责人说:"民航、旅游这两个行业很值得搞。""利用外资建旅馆可以干嘛!应该多搞一些。昆明、桂林、成都都可以搞,一个地方设一两千个床位。""石林要整理一下,要种些树,让风景更优美一点,现在太荒凉了。""桂林漓江的水污染得很厉害,要下决心把它治理好。造成水污染的工厂要关掉。'桂林山水甲天下',水不干净怎么行?"

> **指引** 从小康到共同富裕

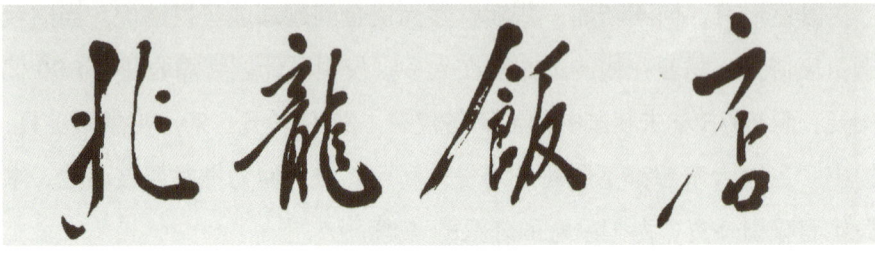

1985年10月25日，兆龙饭店正式开业。邓小平亲自为饭店题字。

利用外资，是当时无人敢触碰的禁区，更不要说合资了。在这种情况下，船王包玉刚捐款1000万美元建造饭店，只因希望以其父亲的名字命名为兆龙饭店，便引发了轩然大波。中国侨联原主席，时任国家旅游总局副局长的庄炎林谈起当时的情况："有些人就反对，说你庄炎林同意他名字叫兆龙饭店，你不是替资本家树碑立传吗？我是觉得这个对我们国家，对人民，对我们的建设有好处啊，但是反对人很多，一片反对声。"

出人意料的是，邓小平亲自出面，接过了包玉刚面呈的支票，他以自己的行动对利用外资、中外合资给予明确肯定。四年后，兆龙饭店在北京落成，邓小平亲笔题写了店名，并破例出席剪彩仪式，为时代刻画出一道醒目年轮。

合资企业作为一个新生事物，带来了新的经营管理方法和规章制度，给传统观念带来了强烈冲击。1980年4月21日，国家外资委员会批准成立中外合资北京航空食品公司。中外合资100万美元的北京航空食品公司是1979年国务院最早批准的三个合资项目之一，批准文号是"001"。其实早在1978年10月，邓小平就有批示："合资经营可以办。"1979年7月1日，五届全国人大二次会议通过《中华人民共和国中外合资经营企业法》。同月7日，邓小平在第五次驻外使节会议上指出："现在比较合适的是合资经营，比补偿贸易好。"10月4日，他在全国各省、市、自治区第一书记座谈会上再次表示，利用外资"主要的方式是合营"。

北京航空食品公司于1980年5月1日正式开业，时任副董事长的伍淑清告诉我们："公司建立初期，人们很不习惯：进出车间要用香皂洗手，还要戴帽子、换衣服。特别是上班打卡。有人说，我们职工是企业的主人，现在进公司却要打卡，接受机器的监督、检验，这是对职工的污辱！是资本家对工人实行'管、卡、压'。"

然而，管理成效是显而易见的。通过合资平台，职工们逐步看到了更为广阔的世界，知道了什么是国际标准、世界水平，最终走向了现代企业制度的建立。如今，中国企业早已走向世界，甚至开始参与制定国际标准和规则。中国的旅游业更是蓬勃发展，已经迎来了新一轮的消费升级，更不要说外汇储备已超三万亿，居世界第一。而这一切都是从当年植入创新之种，并对萌发的改革嫩苗百般呵护开始的。

经济特区的开创

敢破敢立、敢闯敢试，中国在建设小康社会的过程中，贯彻始终、义无反顾地把改革和开放不断向前推进。而说到大胆试验敢为天下先，中国的经济特区早已成为世界的传奇。

在中国源远流长的历史文化中，一个地名的变迁，往往蕴含着极其丰富的历史，诉说着跌宕起伏的传奇。从"宝安"到"深圳"，亦是如此。

"宝安"，原是县名。因境内有山名曰宝山，山有宝，得宝者安，故得名。东晋咸和六年（331）始设，明朝万历元年（1573），宝安故地建立了"新安县"。到 1914 年，因与河南省新安县同名，又改回了宝安县。这就是这块宝地 2000 年来的基本概况。

而最近的 40 年，这里发生了急剧变迁。1979 年，宝安县升格为深圳市，从此开始飞速发展。不过，时至今日，"宝安"犹在。1982 年，国务院批准恢复宝安县建制，隶属深圳市，辖深圳经济特区之外的部分。1992 年，宝安县再次被撤销，成为深圳的一个市辖区。如今，"宝安区"正以崭新的姿态迎接世界的目光，深圳宝安国际机场是中国境内第一个实现海、陆、空联运的现代化国际空港。

深圳，是中国第一个经济特区，已跻身一线城市，且举世闻名。世人铭记的"深圳生日"是 1980 年 8 月 26 日，在那一天，全国人大常委会批准施行《广东省经济特区条例》，完成了设置特区的立法程序。问题是，这个条例并非只适用于深圳，至少还包括珠海和汕头。那么，为什么只有深圳可以称第一？这第一个经济特区又是如何选定的呢？

与"宝安"名称的变迁相同，通过观察经济特区产生历程中几个名称的变化，我们不但可以解答上面的问题，还可以见证那一段真实的传奇历史。

今天很少有人知道，后来的经济特区是从生产农副产品起步的。

1977年，如何解决逃港问题还是困扰宝安县的难题。11月17日，邓小平到广州视察，谈到广东具有得天独厚的条件，一是地接港澳，二是重要的侨乡，有对外经济交往的传统，可以利用这些优势建立出口基地。他说："你们是第一个口岸，然后才是上海、天津等地方。深圳每年光兑换外币就三千多万美元。""看来中心的问题还是政策问题。"他布置："供应香港、澳门，是个大问题。你们要提个方案，把情况作个分析，如实反映情况，说清楚你们负担的是什么任务、遇到了什么问题、哪些可以自己解决、哪些要中央解决。比如，搞几个现代化养猪场、养鸡场，宁肯进口一点粮食养猪养鸡，以进养出，赚回钱来。生产生活搞好了，还可以解决逃港问题。逃港，主要是生活不好，差距太大。"根据邓小平的意见，国务院有关部委和广东省领导先后到宝安调研，提出把宝安、珠海两地建成供应港澳鲜活农副产品的出口生产基地，后来决定把卖海沙收入的400万元留给宝安，建起一批养殖场和果园。1978年4月，习仲勋到广东任省委第二书记，主持日常工作。面对重重危机，他上下求索，寻求将经济尽快搞上去的办法。4月19日，邓小平在中央政治局会议上提议："广东搞出口基地，要进口饲料，应该支持，试一试也好嘛。"

4月10日至5月6日，由国家计委副主任段云率领、国家计委和外贸部组成的经贸考察组到香港、澳门调研，并同广东省交换了意见。考察组回京后提交了一份《港澳经济考察报告》，后来成为国务院的参阅文件。报告首先分析了港澳经济发展较快的原因：有充裕的资金来源，较为廉价的劳动力；是"自由港"，购进原材料和技术设备比较方便；企业根据市场需求决定生产内容，产品适应性强；发展经济的主要途径是大力发展对外加工业，进口设备、原材料和半成品，利用外来资金和当地劳动力，搞加工装配，增加出口。由此，报告提出：要切实把宝安、珠海两个基地建设好。大办副食品生产基地，增加鲜活商品出口；积极发展建筑材料工业和加工工业；开辟游览区，办好商业、服务业和文娱场所。还特别提出：为了把这两个县尽快建设好，有必要实行某些特殊管理办法，建议把两个县改为相当于地级市的省辖市，派驻得力干部，加强领导力量。6月1日和3日，中央政治局听取赴港澳经济考察组的汇报，对将两地划成出口加工基地和旅游区，表示原则同意。20日，习仲勋主持广东省委常委会，学习中央领导关于《港澳经济考察报告》的指示，研究宝安、珠海两县的建设和开展对外加工装配业务问题。7月上旬，习仲勋亲自到宝安调研，看到深圳河两岸的巨大反差，他强烈地感受到必须对外开放，搞活和发展地方经济。经过多次研讨，10月23日，广东省向国务院上报了《关于宝安、珠海两县外贸基地和市政建设规划设想的报告》，提出要在三五年内把宝安地区建成具有相当水平的工农业相结合的出口商品生产基地，并成为港澳游客的游览区。还建议，将宝安、珠海两县改为地级市。

十几天前，10月9日，交通部党组上报了一份《关于充分利用香港招商局问题的请示》，建议简化审批手续，确定招商局就地独立处理问题的机动权；授权可以一次批准招商局动用当地贷款500万美元的权限。12日，国务院副总理李先念批示："拟同意这个报告"，"手脚可以放开些，眼光可以放远些，可能比报告所说的要大有作为"。之后，党中央、国务院其他领导也都圈阅并批准了这份报告。这份报告和广东省的设想，以及经济特区有什么联系呢？

招商局，是1872年李鸿章奏请清廷创立的，与江南制造局、华新纺织新局同属晚清政府最大的三家官办企业，在洋务运动中扮演了重要角色。此后一个世纪，招商局几经沉浮。1951年，在上海的招商局总公司改称中国人民轮船总公司，而香港的分公司则保留招商局的招牌，隶属交通部管理。1978年，随着新时代的日益临近，具有地理优势的香港招商局敏锐地察觉到了机遇。在交通部给中央的报告中，希望招商局冲破束缚，争取时间，有所作为。

得到中央的认可后，10月28日，交通部派袁庚到香港担任招商局常务副董事长。在考察中，袁庚发现招商局的船只不需要办理任何手续，也不需要经过任何检查，就可以直接进出香港码头，这无疑是一个巨大的优势。于是，他萌生了在内地沿海建立一个出口加工基地的想法，经过比较，认为宝安县的蛇口最合适。

当袁庚在香港考察和思考时，习仲勋已经在北京提出了比较成熟的想法。11月10日至12月15日，中央召开工作会议，习仲勋在中南组分组会议上发言提出："希望中央能给广东更大的支持，同时多给地方处理问题的机动余地。如果中央允许我们吸收港澳、华侨资金，从香港引进一批先进设备和技术，购进电力、进口部分饲料，就可以一方面先把国营农场、畜牧场、淡水养殖场等武装起来，作为示范，培养人才，取得经验。凡是来料加工、补偿贸易等方面的经济业务，授权广东决断处理，以减少不必要的层次和手续。"福建省的领导也提出，要利用侨乡优势，吸收外资、侨资，搞出口贸易，建议中央在具体政策上给予支持，外贸分成多给地方一点，开放福州、厦门等港口。这些建议，引起了中央的重视。会议期间，12月11日，中央还决定习仲勋任广东省委第一书记，杨尚昆任省委第二书记。

正是这次历时36天的中央工作会议，以及紧接着召开的十一届三中全会，完成了历史的转折，拉开了改革开放的宏大序幕。除了工作重点的转移，政治、思想和组织路线的根本改变，会议上还提出了要"在自力更生的基础上积极发展同世界各国平等互利的经济合作。努力采用世界先进技术和先进设备"的对外经济工作指导方针。1979年初，广东省委在传达三中全会精神期间，向中央提交了一份香港厂商要求在广州开设工厂的材料。邓小平、叶剑英、李先念认真研究后，认为可行。邓小平批示："这种事，我看广东可以放手干。"

伴随着时代的春风，袁庚关于宝安蛇口的想法，也得到了交通部部长叶飞和广东省革委会副主任刘田夫的大力支持。1979年1月6日，广东省和交通部联合向李先念和国务院上报《关于我驻香港招商局在广东宝安建立工业区的报告》。李先念收到报告后，立即与另一位副总理谷牧进行研究，决定请交通部副部长彭德清和袁庚一起来中南海当面商议。1月31日，彭德清和袁庚如约前来，先见了谷牧，又在谷牧的引导下来到了李先念的办公室。

袁庚汇报，要把香港充足的资金、先进的技术和内地廉价的土地和劳动力结合起来。对此，李先念表示："对，现在就是要把香港和内陆的优势结合起来，充分利用外资来搞建设。不仅广东要这样搞，福建、上海等地都可以考虑这样搞。""我不想给你们钱买船、建港，你们自己去解决，生死存亡你们自己管，自己去奋斗。"袁庚拿出一张香港地图："我们想请中央大力支持，在宝安县的蛇口划出一块地段，作为招商局的工业用地。"李先念仔细审视，用铅笔在南头半岛的根部用力画了两条线，指着这个区域说：给你们一块地也可以，就给你们这个半岛吧。出乎李先念意料的是，中央"慷慨"批准的30多平方公里土地，袁庚觉得"吞"不下，他只要半岛尖上的2平方公里，也就是蛇口。李先念再次征询谷牧的意见："对招商局的报告，你看怎么办？"谷牧回答："你批个原则同意，我去征求有关部门的意见好了！"李先念说："好，我批。"说着，他就提笔在报告上写道："拟同意。请谷牧同志召集有关同志议一下，就照此办理。"

就在一周前的1月23日，广东省决定将宝安县改为深圳市，珠海县改为珠海市。报告批准后仅过了1天，2月2日，谷牧召集国家计委、建委、外贸部、人民银行、财政部、交通部等有关方面负责人。谷牧开门见山："现在议一议香港招商局在蛇口办厂的问题。在这里设厂当然要得到特殊待遇。除了地方行政按国内的一套以外，在经济上要闹点'特殊化',就是要享受香港的待遇,进出自由。""根据小平同志的意见,广东、福建可以更放开一些。"他宣读李先念的批示后,袁庚介绍:"目前香港中区地价之高仅次于东京银座。1平方英尺要1.5万元港币,郊区工业用地每平方英尺也要500港元以上。劳动力工资也很高。我们经过多方面研究,形成了一点共识,就是利用广东毗邻港澳的土地和劳动力,吸收香港的资金和技术。如果这样做,香港任何财团都无法和我们竞争。"他提出:"交通部与广东省已经商定了具体方案,但进出口交税的问题要中央定才行。"谷牧插话道:"也就是要给点特殊政策。"袁庚进一步介绍:"这个工业区的建设不用财政部一分钱,只要求财政部免税10年到15年,以后全部交给国家。"财政部部长王丙乾说:"其他没有什么意见。关于纳税问题,不按国内办法,而按香港办法。在香港你们怎么交税的,在蛇口就怎么交税。"外贸部副部长刘希文说:"关于海关进出口税问题可以给予优惠。具体怎么办,我回去和海关商量一下。"可以说,很多原则性的大问题,都在这次会议上解决了。当然,在实际的建设中,还有重重艰难险阻等待着开拓者们。

经过半年的准备,7月20日,就在当年鸦片战争打响第一炮的蛇口左炮台不远处,蛇口工业区的开山第一炮奏响,后来被称作中国改革开放第一炮。蛇口工业区的基础工程正式破土动工,经济特区建设的起跑线诞生了。

在蛇口工业区的积极筹备期间,广东省委又收到了一份在汕头建立"出口加工区"的报告。

1979年初,广东省委书记吴南生前往汕头市部署学习贯彻十一届三中全会精神。汕头是比较繁荣的港口城市、著名的侨乡,也是吴南生的故乡,但他到达汕头后,当地破旧的市容和萧条的经济令他震惊。经过调查和思考,2月21日深夜,吴南生向广东省委发了一封长达1300字的电报,在指出汕头存在的突出问题后写道:"汕头地区劳动力多,生产潜力很大，对外贸易、来料加工等条件很好，只要认真落实政策、调动内外积极因素，同时打破条条框框，下放一些权力，让我们放手大干，这个地区生产形势、生活困难、各方面工作长期被动的局面，三五年内就可以从根本上扭转。"28日下午，吴南生从汕头回到广州。当晚，广东省委第一书记习仲勋就来到他的家中，两人交谈了很久。3月3日，广东省委召开常委会。吴南生提议，在汕头划出一块地方搞试验，用各种优惠的政策来吸引外资，把国外先进的东西吸引到这块地方来，常委们都表示同意。习仲勋指出：要搞，全省都搞。他要求起草一份文件，4月召开中央工作会议时，他要带去向中央汇报。

4月1日至2日，杨尚昆主持广东省委常委会议，讨论中央工作会议汇报稿。大家同意向中央提出要求允许广东"先走一步"的意见，但对深圳、珠海和汕头三个"先走一步"的地方怎样"正名"，一时定不下来。按照吴南生的想法叫"出口加工区"，则与台湾的名称一样；叫"自由贸易区"，又怕被认为是搞资本主义；后来还取了"贸易合作区""投资促进区"等等，都不太满意。习仲勋和吴南生为此事请教正在广州的叶剑英，叶剑英表示支持的同时，指导他们：你们要快些向邓小平同志汇报。

4月，中央在北京召开工作会议，专门讨论经济建设问题，其中包括广东、福建两省要中央给点政策、加快发展的要求。在此期间，邓小平等中央领导还专门听取了习仲勋等人的汇报。习仲勋、杨尚昆在汇报中提出，可以在邻近香港、澳门的深圳、珠海以及属于重要侨乡的汕头兴办"出口加工区"。希望中央下放若干权力，让广东在对外经济活动中拥有较多的自主权和机动余地。

对于这些设想，邓小平非常赞同。4月17日，他在中央政治局召集的各组召集人汇报会议上，建议中央批准两省的这一要求："广东、福建实行特殊政策，利用华侨资金、技术，包括设厂，这样搞不会变成资本主义。""如果广东、福建两省八千万人先富起来，没有什么坏处。"会上，代表们对广东的设想进行认真的讨论，一致认为，在指定地区试办出口特区，发展出口商品生产是一项可行的措施。而将出现在中国大地上的这个新事物该起什么名，不仅有习仲勋等人的汇报，谷牧也曾就这一问题向邓小平请示，邓小平表示："还是叫特区好，陕甘宁开始就叫特区嘛！"他还在不同场合谈道："中央没有钱，可以给些政策，你们自己去搞，杀出一条血路来。"

邓小平提出"特区"的概念，在当时来说非常新颖。不过对于邓小平来说，"特区"一词并不陌生。除了他提到的"陕甘宁"，还有60年代中央曾经成立的安达特区（现为黑龙江省大庆市）和攀枝花特区（现为四川省攀枝花市），都是他亲身参与的。攀枝花特区成立的1965年，邓小平还将攀枝花作为考察三线建设的重要一站。当然，邓小平这次提出的"特区"概念，与当年已截然不同。

后来，习仲勋回顾了当时的感受："在这次会议上，我知道邓小平同志对搞改革开放的决心很大，说这次'要杀出一条血路来'，充分表达了我们党搞中国式的社会主义现代化的坚强决心。""对广东来说，中央这个决策，是关系重大的事，但毕竟又是全新的责任重大的事。我的心情是'一则以喜，一则以惧'。""我们确信'路是人走出来的'，只要我们团结战斗，就总会有办法。"

在会议形成的文件中，专门有"试办出口特区"一节，于是广东的深圳、珠海、汕头，福建的厦门，这四个地方有了"出口特区"的新名字。会后，中央和国务院一方面责成广东、福建两省进一步组织论证，提出设立出口特区的具体实施方案报中央审定；另一方面，委托谷牧带领国务院有关部门负责人前往两省进行实地考察。经过考察和论证，在谷牧的帮助下，两省省委分别于6月6日和9日向中央呈送报告，提出兴办出口特区的具体设想。7月15日，中央和国务院批转两省报告，并指出：

"关于出口特区,可先在深圳、珠海两市试办,待取得经验后,再考虑在汕头、厦门设置的问题。""对两省采取对外经济活动的特殊政策和灵活措施,是一项新的工作,各方面都缺乏经验,特别是对外经济活动方面,我们很多东西还不懂。省委和各级党委要加强领导,加强调查研究,善于学习,在思想和工作作风上都要有很大的转变。"这个文件于7月20日正式发出,全名为《中共中央、国务院批转广东省委、福建省委关于对外经济活动实行特殊政策和灵活措施的两个报告》,也就是著名的"50号文件"。

既然中央已经正式行文,为什么最终的定名又从"出口特区"改为了"经济特区"呢?一是由于实践和认识的深入,二是克服困难和阻力的需要。

建立出口特区,是中国新时期确立改革开放政策后采取的一项重大举措,是全方位实行对外开放的突破口。同时,又是一项各方面都缺乏经验的新事物,涉及面广、政治性强,党内外有不少人不理解,甚至反对。还有一些原有的体制弊端作祟,产生阻碍,国外投资者也有种种疑虑。

比如,最早开建的蛇口工业区,就遭遇了不少"卡脖子"的现象。比较典型的是在工业区外修的一条7公里长的专用公路,在即将竣工时,施工部门却偏偏在工业区入口200米处留下了一段"断头路",严重影响交通。时任国家进出口委副主任的江泽民曾在蛇口实地考察后总结道:"蛇口工业区建设速度快、有章法、效果好。"同时,对于建设中碰到的许多困难问题,他指出:"我们在四化建设中确实碰到许多问题。我认为有些是认识问题,因为特区是个新事物,而我们长期闭关自守(也有外国长期对我封锁的影响),对国外新情况缺乏了解,因此,想的,做的,常常是老框框,这些认识问题,我认为是可以原谅和可以说服的;但也有属于封建主义甚至是封建割据的问题,有些单位大权在手,不照他们的旧框框办,怎样说他都不同意,对这种封建割据,则要做必要的斗争。"

这种阻力也体现在关于"特区"名称的争论上，据国务院原副总理田纪云回忆："经济特区，如果没有邓小平的支持，这个特区是搞不起来的。那时候简直对这个搞特区，那就是引狼入室了，那就是搞资本主义试验了。所以小平同志说：'陕甘宁就是特区嘛，你们试一试吧，杀出一条血路嘛。'那么反对建特区的同志就说：'他们不懂，陕甘宁那是政治特区，不是经济特区。'广东同志脑子反应快，'就叫经济特区好'。这个就反馈到北京，小平一听，就叫经济特区。"

田纪云说的"脑子反应快"，其实包含了思想认识的重要发展。深圳试办出口特区，很快取得了显著成效，促使大家更加深刻地认识到：出口特区利用外资，引进先进的生产技术，不仅发挥了出口创汇的作用，也不仅仅是振兴本地经济，更重要的是承担着改革开放"试验田"的重任，既要成为全国经济发展的范本，不断向内地传导先进的生产技术和管理经验，同时还要抵御国外的消极影响，保持政治上的稳定，确保中国社会主义的性质决不改变。

因此，1979年10月31日在广东召开的出口特区工作座谈会上，有人提出把"出口特区"改为"经济特区"。大家认为，"经济特区"更加符合中央成立特区的初衷。1980年3月24日至30日，中共中央、国务院委托谷牧在广州召开广东、福建两省会议，了解中央50号文件的贯彻情况，进一步研究落实两省如何实行特殊政策和灵活措施，办好四个特区。谷牧吸取各方面的意见，最终确定将"出口特区"改为内涵更丰富的"经济特区"，并写进了会议形成的《广东、福建两省工作会议纪要》。5月16日，中共中央以中发〔1980〕41号文件批转了这一纪要，"经济特区"的名称正式写入中央文件。《广东、福建两省工作会议纪要》还指出，"特区主要是实行市场调节"，"主要是吸收侨资、外资进行建设"。

指引　从小康到共同富裕

8月26日，五届全国人大常委会第十五次会议正式决定，批准国务院提出的在广东省的深圳、珠海、汕头和福建省的厦门设置经济特区，并批准《广东省经济特区条例》，"经济特区"以立法的形式完成最终确定。《广东省经济特区条例》的起草工作由中央委托给广东，从1979年8月开始，前后草拟了13稿，1980年4月14日提请广东省人大常委会审议。本来，《广东省经济特区条例》作为一个地方性法规，广东省人大通过就已经立法。但是，办经济特区不是广东一省的事，最终，由全国人大常委会审议通过，圆满完成了这项重要立法。深圳经济特区由此正式诞生，并且成为当时世界上最大的经济特区。

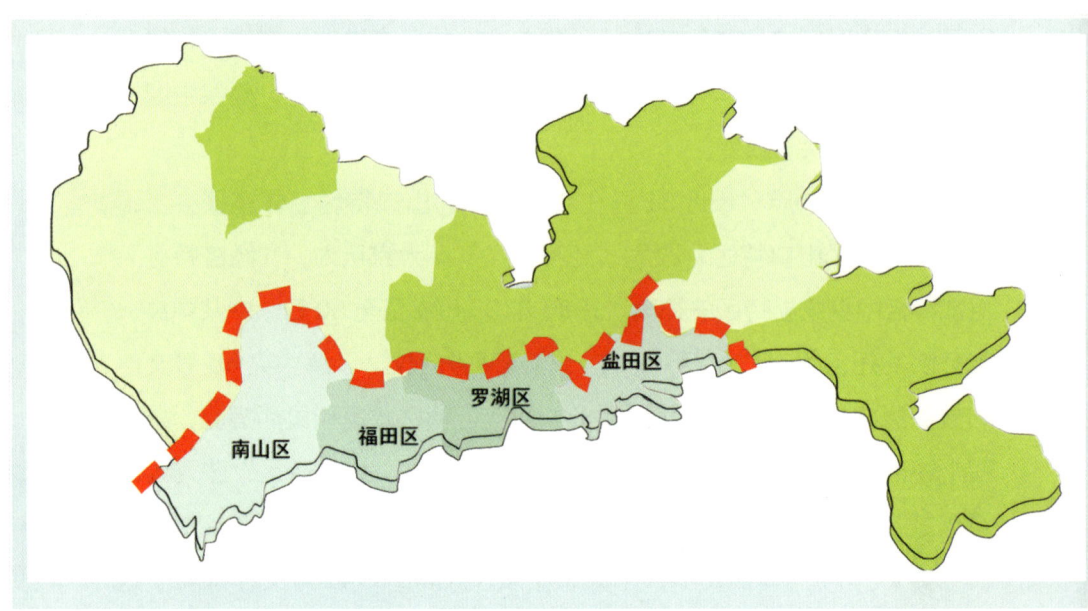

深圳经济特区原有面积为327.5平方公里，范围扩大到全市后，总面积为1952.8平方公里。特区内外将实现法规政策一体化、规划布局一体化、基础设施一体化、城市管理一体化、环境保护一体化及基本公共服务一体化等"六个一体化"。

纵观中国经济特区产生的完整历程，深圳是"试验田"中的"试验田"，从酝酿、批准、筹备、开工建设到取得成效，都是最早的。在整个决策过程中，深圳作为先行者、领头羊的角色也是始终明确的。在五届全国人大常委会第十五次会议上，1980年8月21日，江泽民受国务院委托对设置经济特区和《广东省经济特区条例》做说明，他明确指出："去年七月即着手筹备在广东省深圳、珠海、汕头和福建省厦门划出一定区域，设置经济特区。先开始在深圳筹建。""经济特区建设的实施步骤"，"准备首先集中力量把深圳经济特区建设好，其次是珠海、厦门、汕头经济特区"。从"宝安"到"深圳"，中国第一个经济特区的选定，是深圳的天然优势与邓小平等无数改革者的共同努力相结合的历史结果。

不走回头路

跳出现有的框架，必然同现行的机制相矛盾，那就需要去闯了。经济特区的创办虽然已经大刀阔斧地开展起来，但在如何看待特区性质等一些重大问题上，认识却很难迅速统一。最初几年，特区创业步履维艰。

原厦门经济特区管理委员会副主任、厦门市原市长邹尔均说："当时从北京发来一本小册子叫租界的由来，似乎你引进外资就是变成殖民地，就是卖国主义，这个问题就很严重了。"

时任广东省委书记（当时设有第一书记）的梁灵光也谈道："以为广东人搞改革开放，就是搞走私啊搞投机倒把。所以很有意思的，我们广东那批人坐火车，火车站的人就有通知，说广东的人站队站在一边等着，看看是不是投机倒把。"

还有原厦门经济特区管理委员会副主任、厦门市原副市长江平也感觉到："我们一边搞特区建设，一边我们身上压力非常大，资本主义的帽子戴在空中不知道什么时候会掉下来。"

对于这些不同看法，邓小平和党中央给予极大的关注和耐心。1980年10月，任仲夷调赴广东工作。据他回忆，上任前邓小平专门与他谈话，要求"对于搞特区，你们要摸出规律，搞出个样子来"。针对12月中央工作会议上出现的"特区就是租界"的议论，邓小平坚定地表示："在广东、福建两省设置几个经济特区的决定，要继续实行下去。但步骤和办法要服从于调整，步子可以走慢一点。"

1984年春，邓小平亲自来到南方，仔细视察了深圳、珠海、厦门经济特区，他说："办经济特区是我倡议的，中央定的，是不是能够成功，我要来看一看。"

1月24日中午，邓小平乘坐的列车抵达深圳火车站。稍事休息，下午3点半，邓小平等人在迎宾馆二楼会议室听取深圳市委工作汇报。在40分钟的汇报过程中，邓小平没有作表态性的讲话，但他不时微笑点头，并时有插话。当汇报到几年来深圳特区工农业产值、财政收入增长很快，1982年工业产值为三亿六千万元，1983年达到七亿二千万元时，邓小平说："那就是一年翻了一番喽！"

汇报结束后，一行人参观深圳市容。下午4时40分，邓小平登上罗湖商业区开业不久的国际商业大厦天台，俯瞰建设中的罗湖新城区。呈现眼前的是正在建设中的60多幢高楼，塔吊伸出长长的巨臂，一片繁忙的工地，纵横交错的宽阔马路车流如梭，远处的深圳河从新城南面蜿蜒流向深圳湾，河那边可以看到香港新界落马洲的村落。这里有闻名全国的"深圳速度"，三天盖一层楼。离开国际商业大厦后，一行人又去了笋岗路、怡景花园住宅区、深圳大学新校址等地。

视察途中，邓小平问："深圳特区建设速度这样快，是什么原因呢？"他得到的答案是：特区的工程建设主要抓了三个问题：一是设计搞评比，择优录用，保证了设计的质量和出图时间；二是施工采用招标，保证了

建设中的深圳特区。

施工质量、速度和合理的造价；三是工程承包，中标单位的内部对各项工程也实行层层经济承包的办法，按工程工期、质量的要求，完成的奖，完不成的罚。用经济手段管理施工，职责分明，奖罚分明，破了"铁饭碗"，不吃"大锅饭"，所以施工的速度就快。

1月25日上午，邓小平来到中国航空技术进出口公司深圳工贸中心，他参观车间设备，当听到生产软件比生产硬件赚钱时，邓小平说："软件占百分之八十，硬件占百分之二十，这就要靠脑子。杨振宁说美国都是十六七岁的娃娃搞软件，好多尖端技术都是娃娃搞出来的。连银行发了多少票子，他们都能算出来。搞软件，我们有条件，中国有一大批好的娃娃。现在不少下象棋、围棋的都是娃娃。我们有一大批这样的娃娃。"2月16日,他在上海进一步指出:"计算机的普及要从娃娃做起。"

当天下午,邓小平又视察了深圳河畔在全省农村中最富裕的渔民村。这里的村民60年代前靠出海打鱼为生,住的是茅棚,吃不饱穿不暖,生活十分贫困,公社化后也没有什么变化,没有资金买机械渔船,近海的鱼越来越少,收入越来越差。经济特区建立后,改革开放的富民政策使渔民村最先得益,村民利用与香港新界只有一河之隔的优越条件,同港商合作搞来料加工,兴办工厂,开办餐厅、商店和其他服务业,还购买了十多辆泥头车搞土石方运输。1982年,渔民村集体统筹建房,每户建一幢两层六房两厅小楼,资金由集体负担三分之一,剩下三分之二由集体先垫付,村民分期还款,不到两年大家就都还清了。1983年全村人均收入达到2300元。村党支部书记吴伯森说:"真是连做梦都没有想到我们这些穷苦的渔民,能过上今天的幸福生活。现在村民都说,翻身不忘共产党,致富不忘邓小平,感谢邓伯伯的好政策。"邓小平纠正道:"应当感谢党中央。"

告别渔民村时,邓小平沉思道:"全国农村要达到渔民村这个水平恐怕要一百年。"陪同人员表示用不了那么长时间,邓小平却坚持说:"我们国家大,情况复杂,至少要到本世纪末,还要再努力奋斗五十年时间。"

接着,邓小平一行视察上步工业区。看到沿途附近光秃秃的山头,邓小平回头对陪同人员说:"好多山头不种树,绿化很差,一定要大搞绿化。我们经过韶关时,看到那里的山头也都是这样。荒山、水域,这些都是潜力很大的发展生产的广阔天地。"

在深圳的几天里,邓小平就这样一路走一路看,却始终没有表态。

不过,1月28日这天上午,邓小平登上中山市罗三妹山。下山的时候,工作人员请他走原路,说比较好走。而邓小平却说:"我从来不走回头路。"

正是这种"不走回头路"的精神,激励着特区小康建设事业在风雨历程中不断披荆斩棘,勇往直前。

当视察完毕，邓小平已胸有成竹，2月1日，他在广州挥毫题词："深圳的发展和经验证明，我们建立经济特区的政策是正确的。"并将落款日期专门写为离开深圳的1月26日。邓小平对建立经济特区的充分肯定给"经济特区该不该办"的争议画上了句号。

这趟南方之行后还有一个开创性的结论，这就是："我们还要开发海南岛，如果能把海南岛的经济迅速发展起来，那就是很大的胜利。"党中央决策，1988年4月，七届全国人大一次会议正式批准设立海南省，划定海南岛为经济特区。2018年，在庆祝海南建省办经济特区30周年大会上，习近平总书记郑重宣布，党中央支持海南全岛建设自由贸易试验区，支持海南逐步探索、稳步推进中国特色自由贸易港建设，分步骤、分阶段建立自由贸易港政策和制度体系。海南的改革发展迎来又一个明媚的春天。以海南自由贸易港建设为契机，中国继续扩大开放、加强合作，与世界共享小康中国的发展机遇和改革成果。打造新时代全面深化改革

邓小平视察深圳经济特区后题词。

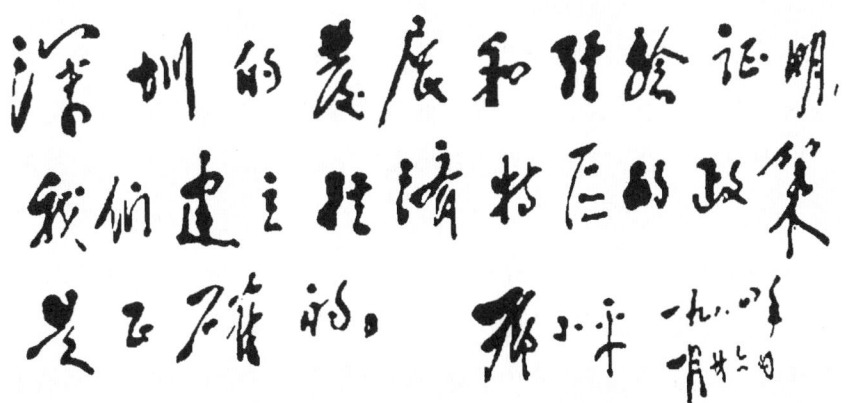

开放新标杆，形成更高层次改革开放新格局，这也是全面建成小康社会的重要组成。

多年来，深圳、珠海、汕头、厦门、海南五个经济特区不辱使命，谱写了勇立潮头、开拓进取的壮丽篇章，在体制改革中发挥了试验田作用，在对外开放中发挥了重要窗口作用。更重要的是，经济特区与农业改革一起，象征着勇于创新的改革精神。深入的改革有力地推动全国如火如荼地进行小康社会建设。习近平总书记指出："我们解放思想、实事求是，大胆地试、勇敢地改，干出了一片新天地。"

改革是走向小康的必由之路

1987年9月3日上午，人民大会堂福建厅。邓小平在这里会见又一次来访的美国前国务卿基辛格。基辛格对邓小平说："我知道中国有人比你更年轻，但我不知道，在中国还有人比你更有活力。"

基辛格的评价是对邓小平敢于开拓创新的政治勇气的由衷感叹。开拓创新是邓小平一生中最鲜明的领导风范，特别是在领导我国小康建设时期，他身上始终洋溢着一种革故鼎新、一往无前的勇气，一种善于创造性思维、善于打开新局面的锐气。

邓小平说改革是中国的第二次革命，主要是说明其意义重大，并不是要从根本上改变社会主义制度。他明确地说，"不坚持社会主义，中国的小康社会形成不了"，为"奔小康"设定了基本的方向。说改革是一场革命，因为改革是为了解放生产力，扫除发展生产力的障碍，因为改革是重新选择政策、不断完善体制，引起社会生活和人们观念的巨大变化，这个转变具有深刻性和广泛性。邓小平说得很清楚："在改革中坚持社会主义方向，这是一个很重要的问题。""我们现在讲的对内搞活经济、对外开放是在坚持社会主义原则下开展的。""开放政策是有风险的，会带来一些资本主义的腐朽东西。但是，我们的社会主义政策和国家机器有力量去克服这些东西。所以事情并不可怕。"

为什么说改革是中国建设小康社会的必由之路？历史上我们试过各种办法，阶级斗争的办法，政治动员的办法，"大跃进"的办法，"抓革命、促生产"的办法，都失败了。直到我们实行了改革开放，进行了小康建设，实践证明，这个办法可行。所以说，改革是我们发展生产力、建设小康社会的必由之路。邓小平说，"城市经济改革就是全面的改革"，"城市经济改革比农村经济改革复杂得多，难免出差错，冒风险。我们意识到了这一点。但是，要发展生产力，经济体制改革是必由之路，对此我们有充分的信心"。

对改革性质的判断，解答了人们的疑惑，也使我们加深了对怎样建设小康社会、发展社会主义的认识。1985年9月23日，在党的全国代表会议上，邓小平自信地说："改革促进了生产力的发展，引起了经济生活、社会生活、工作方式和精神状态的一系列深刻变化。改革是社会主义制度的自我完善，在一定的范围内也发生了某种程度的革命性变革。这是一件大事，表明我们已经开始找到了一条建设有中国特色的社会主义的路子。"习近平总书记指出："邓小平同志在上个世纪八十年代曾经说过：'改革的意义，是为下一个十年和下世纪的前五十年奠定良好的持续发展的基础。没有改革就没有今后的持续发展。所以，改革不只是看三年五年，而是要看二十年，要看下世纪的前五十年。这件事必须坚决干下去。'邓小平同志看得很远、想得很深。这说明，我们党早就估计到，改革开放是一项长期的、艰巨的、繁重的事业，必须一代又一代人接力干下去。"

作为中国小康建设和改革事业最有力的推动者，1993年9月16日，面对着弟弟邓垦，邓小平这样评价自己："我算是个比较活泼的人，不走死路的人。"

第 4 章
倡导精神文明的小康社会

精神文明

建设社会主义精神文明，提出时间稍早于小康目标，贯穿于小康社会建设宏伟实践的始终。

中国共产党第一次提出"社会主义精神文明"这一概念，是1979年9月29日叶剑英《在庆祝中华人民共和国成立三十周年大会上的讲话》。叶剑英提出："我们要在建设高度物质文明的同时，提高全民族的教育科学文化水平和健康水平，树立崇高的革命理想和革命道德风尚，发展高尚的丰富多彩的文化生活，建设高度的社会主义精神文明。""这些都是我们社会主义现代化的重要目标，也是实现四个现代化的必要条件。"这个重要讲话是在9月25日至28日召开的党的十一届四中全会上讨论通过的，目的是重新阐释四个现代化的目标，表明"我们所说的四个现代化，是实现现代化的四个主要方面，并不是说现代化事业只以这四个方面为限"。

一个月后，邓小平10月30日在中国文学艺术工作者第四次代表大会上的祝词中再次提出："我们要在建设高度物质文明的同时，提高全民族的科学文化水平，发展高尚的丰富多彩的文化生活，建设高度的社会主义精神文明。"还有"要恢复和发扬我们党和人民的革命传统，培养和树立优良的道德风尚，为建设高度发展的社会主义精神文明做出积极的贡献"。社会主义精神文明包含了全民族的教育科学文化水平、健康水平、革命理想、道德风尚、文化生活等非常丰富的内容。时至今日，其基本含义仍是如此。它是一个与"社会主义物质文明"相并列的宏伟目标。

党中央提出关于社会主义精神文明，归根到底是源于现实的迫切要求和对社会发展态势的清晰认识。在小康建设进程中，各领域取得巨大成就的同时，社会思想领域也产生了一些新问题，腐败和社会风气败坏的问题，社会错误思潮的干扰问题，这两个问题交织在一起，构成了复杂的思想斗争形势，对发展大局构成威胁。面对这种威胁，我们必须非常警觉，始终采取鲜明的态度和坚决的措施，对错误倾向给予有力打击，避免造成实质的损害。

进入小康建设时期，国民经济快速发展，社会面貌日新月异，很多人受不了利益的诱惑，产生了种种不正之风，其中也包括不少党员干部。比如大吃大喝，有的地方总结了非常形象的"经验"："二菜一汤，生意跑光；四菜一汤，生意平常；六菜一汤，生意兴旺；八菜一汤，独霸一方。"小康社会建设全面展开以后，尤其是进入城市改革阶段，随着对外开放不断扩大、经济体制双轨并行，出现了以"官倒"为特征的以权谋私、贪污受贿等消极腐败现象，一些领导干部甚至少数中高级干部搞权钱交易，党风和社会风气等方面随之出现了形形色色的问题，造成了很坏的影响，也引起了人民群众的强烈不满。针对这种情况，党和国家的领导人都旗帜鲜明地反对各种不正之风。邓小平明确指出："现在，不正之风很突出，要先从领导干部纠正起。群众的眼睛都在盯着他们，他们改了，下面就好办。"

1982年1月5日，邓小平仔细阅读陈云批转来的一份文件，还在陈云的批语中特别加写了"雷厉风行，抓住不放"八个字。

这份文件反映的是广东一些地区走私活动猖獗的问题。对这个问题，当时在广东省工作的丘海有切身体会："国门打开之后，应该怎么样来进行改革开放、发展经济确实没有经验，特别是在沿海的一些地区，出现了一些问题，其中的一个问题就是原来的比较零星的一些、小规模的一些群众性的走私、贩私，在领导的一些错误判断和影响下，逐步形成比较大的，甚至是群众性的。"陈云在文件上的批语非常严厉："对严重的经济犯罪分子，我主张要严办几个，判刑几个，以至杀几个罪大恶极的，并且登报，否则党风无法整顿。"

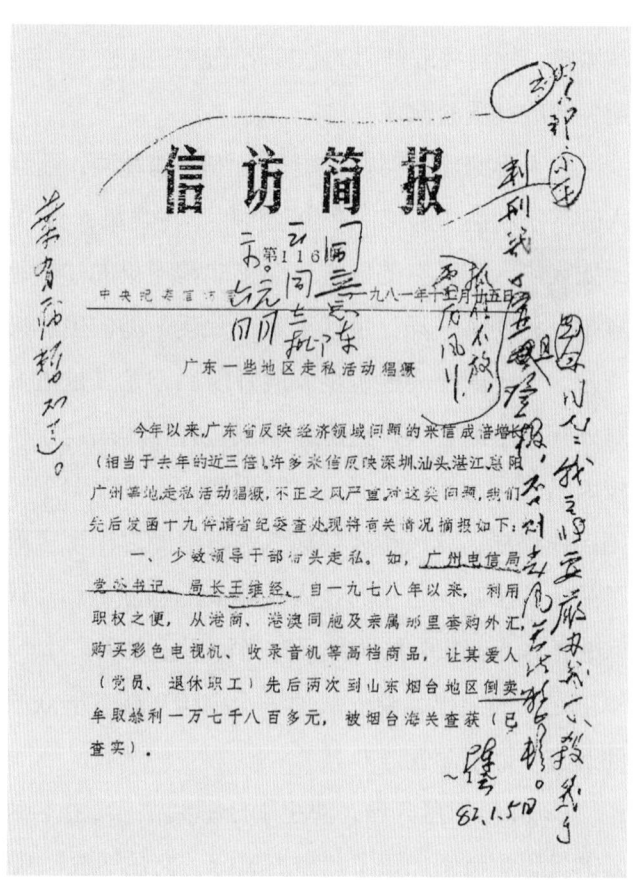

陈云、邓小平在《信访简报》上的批示。

1月11日，中共中央书记处召开会议，贯彻邓小平、陈云等中央常委的批示，决定严厉打击经济犯罪，首先认真处理负责干部中现行的经济上的重大犯罪案件。同一天，中央发出了关于打击经济领域中严重犯罪活动的《紧急通知》。2月11日，陈云给中纪委专门批示："现在抓，时间虽晚了些，但必须抓到底。中纪委必须全力以赴。"

很快，中纪委专门成立了贯彻中央紧急通知办公室，增设新机构，并从各方面抽调400多名干部参加工作。3月8日，五届全国人大常委会第22次会议通过了《关于严惩严重破坏经济的罪犯的决定》，对《中华人民共和国刑法》的有关条款做了相应的补充和修改。4月13日，中共中央、国务院作出了《关于打击经济领域中严重犯罪活动的决定》，对这场斗争做了周密部署。三天以前，在讨论这一决定的中央政治局会议上，邓小平指出："这股风来得很猛。如果我们党不严重注意，不坚决刹住这股风，那末，我们的党和国家确实要发生会不会'改变面貌'的问题。这不是危言耸听。"

7月，中纪委先后派出154名具有丰富斗争经验的司局级以上干部，分赴北京、上海、广东、福建、浙江等省、市，充实和加强打击经济领域严重犯罪活动的办案力量，直接参与大案、要案的调查处理工作。

小康社会建设之初的这场反腐斗争，取得了重要成果。截至1983年4月底，全国已揭露并立案审查的各类经济犯罪案件共计19.2万多件，依法判刑的近三万人，追缴赃款赃物合计4.1亿元人民币，这在当时是一个不小的数目。以今天的标准来审视，当年我们对经济犯罪、刑事犯罪进行从严从重的打击，存在一些不够严谨、不够准确的问题。但毫无疑问的是，这些行动充分表明了党和政府在领导小康建设的过程中，坚决端正党风、惩治腐败的决心和意志。重拳之下，腐败现象在小康建设初期就得到了有效的遏制，这成为各项建设的重要保障。但是，反腐斗争不可能毕其功于一役，中央对此有非常清醒的认识。邓小平指出："在整个改革开放过程中都要反对腐败。对干部和共产党员来说，廉政建设要作为大事来抓。还是要靠法制，搞法制靠得住些。"

党中央很早就认识到精神领域的问题对小康社会建设的影响，邓小平关于社会思想领域的思考，也由推动党风和社会风气的根本好转到促进法制建设，由反对资产阶级自由化到加强精神文明建设，再到政治体制改革，这是一个逐步发展、成熟的过程。随着形势的发展，需要对精神文明建设的战略地位、指导思想和根本任务作出明确的阐述和规定，以此形成物质文明、精神文明整体推进、协调发展的中国特色社会主义大格局。

1984年，作为全面改革纲领性文件的《中共中央关于经济体制改革的决定》提出："越是搞活经济、搞活企业，就越要注意抵制资本主义思想的侵蚀，越要注意克服那种利用职权谋取私利的腐败现象，克服一切严重损害国家和消费者利益的行为。"陈云在十二届三中全会的书面发言中提出："关于改革的决定中说：'竞争中可能出现某些消极现象和违法行为'，这句话在文件里提一下很必要。""如果我们不注意这个问题，不进行必要的管理和教育，这些现象就有可能泛滥成灾，败坏我们的党风和社会风气。"

1985年3月7日，邓小平在中南海怀仁堂全国科技工作会议闭幕会上即席讲话："现在我们国内形势很好。有一点要提醒大家，就是我们在建设具有中国特色的社会主义社会时，一定要坚持发展物质文明和精神文明，坚持五讲四美三热爱，教育全国人民做到有理想、有道德、有文化、有纪律。这四条里面，理想和纪律特别重要。"他对社会上出现的不正之风展开批评，谈道："当前在经济改革中出现了一些歪门邪道。'你有政策，我有对策'。'对策'可多了。"

1985年9月召开的党的全国代表会议，主要议题是讨论并通过关于制定"七五"计划的建议以及增选中央委员会成员等组织事项，但是，邓小平在闭幕讲话中又专门把加强精神文明建设作为一项重要内容提了出来，其篇幅甚至超过了关于"七五"计划的内容。他尖锐地指出了问题："社会主义精神文明建设，很早就提出了。中央、地方和军队都做了不少工作，特别是群众中涌现了一大批先进人物，影响很好。不过就全国来看，至今效果还不够理想。主要是全党没有认真重视。我们为社会主义奋斗，不但是因为社会主义有条件比资本主义更快地发展生产力，而且因为只有社会主义才能消除资本主义和其他剥削制度所必然产生的种种贪婪、腐败和不公正现象。这几年生产是上去了，但是资本主义和封建主义的流毒还没有减少到可能的最低限度，甚至解放后绝迹已久的一些坏事也在复活。我们再不下大的决心迅速改变这种情况，社会主义的优越性怎么能全面地发挥出来？我们又怎么能充分有效地教育我们的人民和后代？不加强精神文明的建设，物质文明的建设也要受破坏，走弯路。光靠物质条件，我们的革命和建设都不可能胜利。过去我们党无论怎样弱小，无论遇到什么困难，一直有强大的战斗力，因为我们有马克思主义和共产主义的信念。有了共同的理想，也就有了铁的纪律。无论过去、现在和将来，这都是我们的真正优势。这个真理，有些同志已经不那么清楚了。这样，也就很难重视精神文明的建设。"

邓小平提出："当前的精神文明建设，首先要着眼于党风和社会风气的根本好转。"以及四个方面的具体措施：一是端正党风是端正社会风气的关键；二是改善社会风气要从教育入手，教育一定要联系实际；三是思想政治工作及其队伍都必须大大加强，决不能削弱；四是思想文化教育卫生部门要以社会效益为最高准则。邓小平认为："做好以上几方面的工作，社会风气的根本好转也就有了保证。"

在邓小平的大力推动下，加强社会主义精神文明建设，成为中央决策层的广泛共识。《中共中央关于制定"七五"计划的建议》指出："坚持在推进物质文明建设的同时，大力加强社会主义精神文明的建设。""我们采取的所有改革、开放和搞活经济的政策,目的都是为了建设有中国特色的社会主义。必须切实抓好精神文明的建设,继续加强思想政治工作,教育全国人民做到有理想、有道德、有文化、有纪律,以推动物质文明的发展,并保证它的正确方向。"党的全国代表会议突出地提出要加强精神文明建设,受到了广泛的关注。美联社、合众社、法新社、路透社、共同社等许多国家通讯社突出报道了邓小平、陈云和李先念等人讲话中有关加强精神文明建设和政治思想工作的内容,认为这次会议后的中国,一方面将继续奉行改革和开放政策;另一方面又要同出现的种种资本主义腐败的现象做斗争。

为贯彻落实全国代表会议关于加强精神文明建设的精神,中央书记处做了全面的部署,提出端正党风要首先从中央党政军机关和北京市抓起。1986年1月,中央书记处在人民大会堂召开中央机关干部大会,号召中央党政军机关的全体党员、干部要做全国的表率,迅速行动,端正党风,纠正各种不正之风,加强党性教育,严格整顿纪律。大会还提出80年代后五年,必须把经济体制改革和社会主义精神文明建设这两件大事抓好。

这得到邓小平的大力支持。他表示:"赞成书记处这么抓。""抓精神文明建设,抓党风、社会风气好转,必须狠狠地抓,一天不放松地抓,从具体事件抓起。""越是高级干部子弟,越是高级干部,越是名人,他们的违法事件越要抓紧查处,因为这些人影响大,犯罪危害大。抓住典型,处理了,效果也大,表明我们下决心克服一切阻力抓法制建设和精神文明建设。"

1986年初,邓小平在中央政治局常委会直言不讳指出了"一手软"的问题:"经济建设这一手我们搞得相当有成绩,形势喜人,这是我们国家的成功。但风气如果坏下去,经济搞成功又有什么意义?会在另一方面变质,反过来影响整个经济变质,发展下去会形成贪污、盗窃、贿赂横行的世界。"他进而强调了"两手抓"的问题："搞四个现代化一定要有两手，只有一手是不行的。所谓两手，即一手抓建设，一手抓法制。党有党纪，国有国法。"9月，十二届六中全会阐明了社会主义精神文明建设的战略地位、根本任务和指导方针，通过的《中共中央关于社会主义精神文明建设指导方针的决议》成为该领域的纲领性文件。

到1992年"南方谈话"时，这一思想被表述为："要坚持两手抓，一手抓改革开放，一手抓打击各种犯罪活动。这两只手都要硬。打击各种犯罪活动，扫除各种丑恶现象，手软不得。"

在实践中，社会主义精神文明建设得以贯彻落实，取得积极成效。党中央、国务院出台一系列规定，制止借改革之名牟取私利。比如，有些高级干部在待遇上攀比，一些机关开始购买高级进口汽车，还有向下属单位要高级车的情况。1986年1月，陈云在中央纪委的一份文件上批示："我建议，做表率首先从中央政治局、书记处和国务院的各位同志做起。凡是别人(或单位)送的和个人调换的汽车(行政机关配备的不算)，不论是谁，一律退回，坐原来配备的车。在这件事上，得罪点人，比不管而让群众在下面骂我们要好。"很快，中央专门出台文件。从那时起，领导干部无论级别多高，一律坐国产车。中央和各地还先后查处和公布了一批大案要案，逮捕法办了一批严重犯罪分子，一些犯有严重错误的党员干部受到了党纪、政纪的严肃处理；对存在的不正之风进行了认真的清查和纠正；注意思想教育和制度建设，端正党风和推动社会风气好转取得了一定的成效。

今天，在现实的社会生活中，我们在社会主义精神文明方面仍然存在不少的问题，还时常见到一些丑恶现象，有的甚至非常严重。但不能否认，我国小康社会建设的每一次进步，都与精神文明领域所做的大量工作分不开。如果不是我们从未放松在该领域的顽强奋战，为我国社会主义物质文明的建设提供强大支撑，历史与现实的面貌都会发生很大改变。

到 2000 年,总体小康目标实现之际,江泽民总结道:"建设小康社会,包括物质文明和精神文明建设两个方面。要坚持两手抓、两手都要硬,把加强精神文明建设摆到重要位置。"

从严治党

在 21 世纪的第二个十年,全面建成小康社会进入决胜阶段,全面从严治党为其提供了坚强保证。习近平总书记尖锐地指出,"现在,党内有些同志感到不适应,有的说要求太严,管得太死,束缚了手脚","有的说都去抓管党治党,经济社会发展没精力抓了"。实际上,在建设小康社会的征程中,始终都有一些"奇谈怪论"。比如 20 世纪 80 年代就有人说,"不吃不喝,经济不活","经济要搞活,纪律要松绑",甚至有人认为纪检部门是达到小康目标的"顶门杠"。尽管中央反复强调"党性原则和党的纪律不存在'松绑'问题。没有好的党风,改革是搞不好的",但依然有不少的人置若罔闻。

万里长征是一步一步走出来的。先有了"小康社会",才有"全面建成小康社会",同样"全面从严治党"也源自"从严治党"的提出。那么,"从严治党"是什么时候正式提出的呢?

面对这个问题,大多数人会追溯到比较早的历史时期。的确,在我们党的指导思想和革命实践中,一直包含着"从严治党"的思想元素。比如,1859 年 5 月 18 日,马克思在致恩格斯的信中就指出:"必须绝对保持党的纪律,否则将一事无成。"1921 年列宁提出"法庭对共产党员的惩处必须严于非党员"。1952 年在处理刘青山、张子善案时,毛泽东指出:"正因为他们两人的地位高,功劳大,影响大,所以才要下决心处决他们。只有处决他们,才可能挽救二十个,二百个,二千个,二万个犯有各种不同程度错误的干部。"这些无疑都体现着"从严治党"

的精神，但是作为一个正式的提法、概念和理论命题，实际上"从严治党"的提出要晚于"小康社会"。

根据目前看到的资料，党中央首次以中央文件的形式正式提出"从严治党"，是1985年11月24日发出的《中共中央整党工作指导委员会关于农村整党工作部署的通知》，其中的第九条"严格注意掌握政策"指出："要从严治党，坚决反对那种讲面子不讲真理，讲人情不讲原则，讲派性不惜牺牲党性的腐朽作风。"

在20世纪80年代中期，也就是在小康社会建设蓬勃开展的同时，产生了"从严治党"的理念，并不是偶然的。站在今天的角度，回顾当年的理论与实践进程，我们会发现，从严治党与小康社会经历了共同迈进的重要征程。

小康目标从提出到正式确立的时间段，从严治党也在积极酝酿中。突出的表现是，这一时期党的建设无论在组织上还是思想上都取得了长足的进展。

当时，我国现代化建设的任务繁重，党建工作面对的情况也异常复杂。一方面，党长期以来的优良传统、作风，在十年浩劫中遭到严重破坏；另一方面，社会主义现代化建设新阶段即将到来，面临许多全新的问题。1978年年底，十一届三中全会在转移工作重心、实行改革开放的同时，还有一项重要决定，就是恢复成立中央纪律检查委员会（以下简称"中央纪委"）。重建的中央纪委群英荟萃，选举产生了100人的委员会，陈云任第一书记，邓颖超任第二书记，胡耀邦任第三书记，黄克诚为常务书记，王鹤寿等为副书记。仅半个月，中央纪委收到控诉信、申诉信或建议信就有6000多件，有些信甚至长达几百页。在党建方面，怎样正确地开启新阶段的工作，这是摆在全党面前亟待解答的问题。

1979年1月4日，中央纪委第一次全体会议提出："党的中央纪律检查委员会的基本任务，就是要维护党规党法，整顿党风。"这次会议讨论并拟定了《关于党内政治生活的若干准则（草案）》（简称《准则》），作为"整顿党风"的第一项重大举措。

《准则》虽然只有12条，但内容广泛丰富，既总结了几十年来党内政治生活正反两方面的经验教训，又针对当时的实际状况增添了新的内容，从宏观的党性原则，到细致的行为准则，规定了共产党员的规范，以这样的形式写出一部比较全面系统的党规党法，在我们党的历史上是一个创举。如要求共产党员"说老实话，做老实事，当老实人"与十八大后开展的"三严三实"专题教育高度一致。"不准搞特权"规定最为具体，如"禁止领导人违反财经纪律，任意批钱批物。禁止利用职权为家属亲友在升学、转学、晋级、就业、出国等方面谋求特殊照顾。禁止违反规定动用公款请客送礼。禁止违反规定动用公款为领导人修建个人住宅。禁止公私不分，假公济私，用各种借口或巧立名目侵占、挥霍国家和集体的财物"。党的十八届六中全会制定的新形势下党内政治生活若干准则，也是这项工作的延续。

在实践中，一方面大规模地平反冤假错案；另一方面旗帜鲜明地反对新出现的消极腐败现象，也就是各种"不正之风"。邓小平在党的理论工作务虚会上提出，"为了促进社会风气的进步，首先必须搞好党风"，"只有搞好党风，才能转变社会风气，才能坚持四项基本原则"。

这时的"党风问题"由以民主集中制为重点逐渐转移到"以权谋私"的问题。1979年11月，中共中央、国务院联合发出《关于高级干部生活待遇的若干规定》。邓小平要求，这个规定一经下达，就要当作一个法律坚决执行。

1982年9月，十二大在确定小康目标的同时，还按照邓小平在1980年提出的"修改党章是要进一步明确党在四个现代化建设中的地位和作用。执政党应该是一个什么样的党，执政党的党员应该怎样才合格，党怎样才叫善于领导？"制定了新时期党章的蓝本——十二大党章。会议明确提出"把党建设成为领导社会主义现代化事业的坚强核心",还作出决定:"为了使党风根本好转,中央决定从明年下半年开始,用三年时间分期分批对党的作风和党的组织进行一次全面整顿。"这成为"从严治党"提出的契机。

这次整党,是在经历十年内乱之后,国家和社会处于改革、开放、搞活经济的新的历史环境中进行的,要解决的是"党内思想、作风、组织三个严重不纯和纪律松弛的问题",邓小平在1983年9月提出整党的要求是"统一思想,整顿作风,加强纪律,纯洁组织"。这次整党分三期进行:第一期是中央、国家机关各部委和各省、区、市一级单位以及解放军各大单位,第二期是地、县两级单位,第三期是农村的区、乡、村。第二期整党开始时,正是1985年初,中共中央整党工作指导委员会发出专门通知指出:要把增强党员的党性,纠正新的不正之风,保证改革的顺利进行,促进政治经济的形势继续健康地发展,作为地、县两级整党的突出重点来抓。

这一年的3月7日,邓小平出席全国科技工作会议,不同寻常的是,他讲完对科技体制改革的意见后,又发表了一篇讲话,说:"现在有一些值得注意的现象,就是没有理想、没有纪律的表现,比如说,一切向钱看。""有的党政机关设了许多公司,把国家拨的经费拿去做生意,以权谋私,化公为私。还有其他的种种不正之风。对于这些,群众很不满意。我们要提醒人们,尤其是共产党员们,不能这样做。不是在整党吗?首先应该把这些不正之风整一整。""我们这么大一个国家,怎样才能团结起来、组织起来呢?一靠理想,二靠纪律。组织起来就有力量。没有理想,没有纪律,就会像旧中国那样一盘散沙,那我们的革命怎么能够成功?我们的建设怎么能够成功?"

日后看来,邓小平的这次讲话从正反两个方面建构了"从严治党"的基本内涵。邓小平为什么要在科技工作会议上,突然强调理想和纪律?

他主要是针对改革中出现的新的不正之风。

1984年5月城市改革的措施陆续出台,特别是第四季度以后,许多党政机关和干部突击办起各种公司,其中相当一部分官商不分,打着"搞活""改革"的旗号,为个人或小单位牟取私利。许多公司倒买倒卖紧缺物资,炒买炒卖国家外汇、乱涨价、乱放款、乱发行彩券、有奖销售券和纪念券,巧立名目滥发钱物,挥霍公款公物请客送礼,突击提职提级。新的不正之风来势之猛,全党上下为之震动。中央和国务院出台一系列规定,试图制止这股歪风。11月13日,国务院发出《严格控制财政支出、控制信贷发放、控制奖金发放的通知》;12月3日,党中央、国务院发出《关于严禁党政机关和党政干部经商、办企业的决定》;12月5日和1985年1月5日、23日,中央纪委发出《关于坚决纠正新形势下出现的不正之风》等通知。邓小平在全国科技工作会议讲话后,在开展理想和纪律教育的同时,党中央、国务院也出台规定,制止借改革之名牟取私利。3月13日,国务院发出《关于坚决制止就地转手倒卖活动的通知》。5月23日,中共中央和国务院发出《关于禁止领导干部的子女、配偶经商的决定》。8月20日,国务院发出《关于进一步清理和整顿公司的通知》。通过整党和贯彻这一系列措施,新的不正之风蔓延势头得到遏制,这才有了全面改革的顺利进行。

此时,从严治党的理念已经呼之欲出。目前所见,"从严治党"最早出现在1984年山西省查处领导干部非法私建住宅的工作中。当年3月21日的《人民日报》上,有一篇题为《蠹虫》的报告文学,反映的是运城地区的情况,其中引用了中央纪委派驻组组长的话:"共产党还是共产党,我们整党的决心,从严治党的决心,是不可动摇的!"

1985年11月,在总结第二期、部署第三期整党工作时,中央正式提出了"从严治党"。一经提出,"从严治党"就迅速成为主流话语快速传播开来,反映出了其体现着党心和民意。

"从严治党"理念,是在小康社会建设初期党建理论创新的基础上,在反对不正之风、整党、理想和纪律教育等工作实践中,产生并迅速完善的。

1987年5月26日,在全国范围内历时三年半的整党工作宣布基本结束。客观地说,整党工作中由于出现了一些分歧和争议,没有完全达到预期效果。中央的总结报告尖锐地指出:"总的说来,全党在思想、作风、纪律、组织四个方面,都比整党前有了进步,党内存在的三个严重不纯的状况,已经有了改变。""但是应该清醒看到,党风方面还存在着许多严重问题和阴暗面。由于各种'关系网'、派性残余、封建遗毒和以言代法的干扰阻碍,有些败坏党风和党的形象的以权谋私、违法乱纪的重大问题,还没有揭露出来,有的虽已揭露但没有严肃查处;至于组织、人事工作方面存在的一些不正之风问题,相当一些单位在整党中没有认真触及。"但是,这次整党取得了宝贵的经验,最主要的是"这次整党既解决党内存在的一些突出问题,又不像过去的一些政治运动那样,留下很多后遗症,没有引起社会局势的动荡";"始终注意了正确处理整党工作同改革、经济工作的关系,总的说来,做到了互相结合,互相促进"。这些对此后的党建工作具有长远的指导意义。日后看来,还有其他重要收获,就是重申了党要管党的原则,提出了从严治党等新理念。

几个月后,党的十三大正式提出:"从严治党,除了必须把少数腐败分子开除出党之外,还必须着眼于对绝大多数党员经常地进行教育,提高他们的素质。""经验证明,仅仅靠教育不能完全解决问题,必须从严治党,严肃执行党的纪律。"这明确了从严治党以纪律和教育为核心的主要内涵,标志着从严治党作为党建理论正式形成。

此后,"从严治党"继续发展,在1992年党的十四大上以"坚持党要管党和从严治党"的表述正式成为党的建设最重要的指导方针,直到今天成为"全面从严治党"作为国家战略布局的重要组成部分。习近平总书记指出,"党要管党、从严治党,是党的建设的一贯要求和根本方针","'全面'就是管全党、治全党","全面从严治党永远在路上"。"从严治党"理念正在不断产生新的实践。

在经历了最初的共同迈进后,小康社会与从严治党继续共同前进。在每一个发展中的关键环节,都产生了相互呼应的重要成果。如习近平总书记指出的:"党和人民事业发展到什么阶段,党的建设就要推进到什么阶段。这是加强党的建设必须把握的基本规律。"回顾这一历程,可以明显地看到推动党建理论创新、加强党的建设,对于实现国家现代化战略目标的重要保障和积极促进作用。

历史早已作出了回答:没有从严治党,就没有改革开放的顺利进行,就没有小康社会的如期实现。党的十八大以来,以习近平同志为核心的党中央把全面从严治党纳入"四个全面"战略布局,使全面建成小康社会与全面从严治党紧密地联系在一起,党风政风呈现的新气象成为实现全面建成小康社会的重要保障。党的十八届六中全会,研究了全面从严治党重大问题,制定新形势下党内政治生活若干准则,修订《中国共产党党内监督条例(试行)》,是推进全面从严治党的新措施。习近平总书记指出:"夺取全面建成小康社会决胜阶段的伟大胜利,关键在党。'打铁还需自身硬'是我们党的庄严承诺,全面从严治党是我们立下的军令状。"

科教兴国

小康社会中的精神文明建设,不仅表现在思想、法制等方面,还突出体现在经济和社会的协调发展,科技、教育、文化等社会事业的全面发展上,正是这些基础性的进步为小康建设提供了强大的思想保证、精神动力和智力支持。

邓小平高瞻远瞩地看到"不抓科学、教育,四个现代化就没有希望,就成为一句空话"。当第三次复出工作时,他自告奋勇抓科技教育,把科教作为拨乱反正的突破口,当机立断作出1977年恢复高考的决策。在小康目标提出之前,已经有无数人通过高考有了改变命运的机会。随着千百万青年人生命运的改变,国家的前途也被重新照亮。

中国恢复的不仅是一个招生制度,还有全社会对教育的高度重视和着力发展。20世纪80年代中期,党和国家作出了把科学教育放到优先

恢复高考后进入清华大学的第一批学生在上课。

发展的战略地位，把经济发展纳入依靠科技进步轨道的重大决策。此时展开的全面改革，以城市经济体制改革为中心，更是包含众多领域改革的系统工程。科技体制与教育体制的改革，是全面改革的重要组成部分；科技与教育事业的蓬勃发展，也是我国在80年代后半段突飞猛进的重要原因。

邓小平说："教育是一个民族最根本的事业。"世界范围的竞争，在很大程度上表现为科学技术的竞争和民族素质的竞争。因此，谁掌握了教育，谁就能在未来的国际竞争中处于主动地位。但教育该怎么搞？邓小平首先将目光投向基础教育，带领国家建立了九年义务教育制度。

北京的景山学校，是专门进行城市中小学教学改革试验的学校。1983年9月7日，全校师生给邓小平写了一封信，请他为景山学校题词。据时任景山学校校长的贺鸿琛回忆，当年想到要请邓小平题词的原因有三个：一是邓小平重新出来工作以后，自告奋勇抓教育工作，特别重视中小学教育工作；二是邓小平一直关心和支持景山学校的教改试验；三是教改试验发展到一个新阶段的要求。

8日，中央收到了景山学校的信。9日，邓小平展纸润笔，正式题词："教育要面向现代化，面向世界，面向未来。"第二天，全国主要报纸都在第一版最显著位置刊登这一题词，引起热烈反响。此后，这句话被简称为"三个面向"，成为我国教育工作的指导方针。

虽然邓小平的"三个面向"题词是为教育战线题写的，但也是对党和国家各项工作的总要求，是社会主义现代化建设具有长远指导意义的重要战略思想。面向现代化，就是要求我们一切工作都要着眼于实现现代化这一当前和今后很长一个时期的中心任务，决不能动摇；面向世界，就是要求我们的思想和胸襟一定要开阔和博大，要吸取人类社会历史上和当今世界一切优秀的先进的文明成果；面向未来，就是要求我们一定要坚持与时俱进，具有战略的前瞻性和超前意识。

邓小平为北京景山学校题词。

对于一个国家和民族来说,具有基础性作用的,除了教育,还有科学。实现现代化,科学技术占有举足轻重的地位。

1982年10月24日,也就是十二大正式确立小康目标后一个月,中央召开全国科学技术奖励大会并提出科技战略总方针:"科学技术工作必须面向经济建设","经济建设必须依靠科学技术"。

当时的科技体制与计划经济体制一样,在集中力量突破重点科技问题、创造"两弹一星"等科技成就上曾发挥过重要作用,但是其弊端也非常明显:在运行机制方面,国家单纯依靠行政手段管理科技工作,包得过多,统得过死;在机构组织方面,旧的科技体制主要按照行政隶属关系设置科研机构,造成脱节和分割,科研成果转化为现实生产力的周期长、速度慢,科研项目重复率高、应用面窄,科研力量未能形成合理的纵深配置,未能最大限度地推进生产力的发展;在人事制度方面,由于受"左"的指导思想影响，脑力劳动得不到应有尊重，人才不能合理流动，难以最大限度发挥科技人员的主动性、积极性和创造性。

1984年10月22日上午，邓小平在中央顾问委员会第三次全会上谈到《中共中央关于经济体制改革的决定》时说："这个文件一共十条，最重要的是第九条，当然其他各条也都是非常重要的。第九条，概括地说就是'尊重知识，尊重人才'八个字，事情成败的关键就是能不能发现人才，能不能用人才。"

1985年3月，全国科技工作会议研究科技体制改革的重大问题。3月7日，科技体制改革的纲领性文件《关于科学技术体制改革的决定》发布。该决定指出："科学技术体制改革的根本目的，是使科学技术成果迅速地广泛地应用于生产，使科学技术人员的作用得到充分发挥，大大解放科学技术生产力，促进经济和社会的发展。"

科技体制改革全面展开后，取得了非常积极的成效。经过几年的实践，拨款制度改革基本实现预定目标，大批科研机构通过新的运行机制走上经济建设主战场。技术市场对科技成果转化为现实生产力的作用日益增强，合同成交额由1984年的7.2亿元上升到1991年的94.8亿元。科研单位与企业结成的科研生产联合体达一万多家，科研机构创办独资、合资技术经济实体4000多个。由科技人员创办的民办科技机构达两万多家，从业人员超过50万人。一些国家级和地方的经济技术开发区初具规模。科学技术对经济建设的服务产生了巨大效益，科研机构的经济实力也大大增强。到1990年，全国县以上自然科学领域的研究机构中，已有20%以上可以不要国家拨款，实现自主发展。新兴的民办机构也成为科技事业的一支生力军。最后也是最关键的是，这些变革促使我国科技水平急剧上升。从1978年到1993年，我国共取得重大科技成果22万多项，无论在数量还是质量上都取得了长足的进步，我国整体科技实力与世界领先水平的差距快速缩小。如1995年江泽民指出的："一九八五年，党中央发布了关于科学技术体制改革的决定，开始了科技体制的全面改革。经过十几年改革和发展的成功实践，我国科技工作发生了历史性变化，科技实力和水平显著提高，战略重点已转向国民经济建设，为经济发展和社会进步作出了突出贡献。"

20世纪80年代中期，高新技术的迅速发展愈加影响着世界格局。美国的"星球大战计划"，欧洲的"尤里卡计划"，日本的"今后十年科学技术振兴政策"相继出台，国际竞争开始了新的角逐。面对严峻挑战，中国该如何应对？中国的高层领导人、著名科学家和其他有识之士都在思考这个问题。

1986年3月3日，王大珩、王淦昌、杨嘉墀、陈芳允四位科学家联合写了一个《关于跟踪研究外国战略性高技术发展的建议》，呈送给邓小平，建议中央：全面追踪世界高技术的发展，制定中国高科技的发展计划。

两天后，这份建议书到了邓小平的案头。今天，我们无法准确描述邓小平当时的具体心情，但事后的种种迹象表明，他看完十分赞许。就在当天，他便拿起笔，在信上批示："这个建议十分重要。找些专家和有关负责同志讨论，提出意见，以凭决策。此事宜速作决断，不可拖延。"

4月，全国200多位科学家云集北京，讨论制定《国家高技术研究发展计划纲要》。当时，关于高技术项目的选择是以发展国民经济为主，还是以增强军事实力为主，产生了不同意见。4月6日，邓小平在国家科委副主任吴明瑜的来信上作出批示："我赞成'军民结合，以民为主'的方针。"吴明瑜认为："这是符合中国实际，也符合当时世界实际的一个基本方针。""小平同志非常明快的，当天就批下来了。""可见他已经不是临时看到那些文件，实际他自己思想上有很多的考虑了。"

8月，国务院常务会议通过《国家高技术研究发展计划纲要》。邓小平看过后十分高兴，当即批示："我建议，可以这样定下来，立即组

指引 从小康到共同富裕

"863"计划先后确定了生物、航天、信息、自动化、能源、激光、材料以及海洋高技术为中国跟踪世界科技前沿的重点。在生物学领域，袁隆平领导开展的两系法亚种间杂交水稻研究获得成功。

织实施。"10月，中央政治局专门召开扩大会议，批准《国家高技术研究发展计划纲要》，同时决定：拨款100亿元！后来专家提出将这一规划命名为"863"计划，以标志该计划是在1986年3月由邓小平亲自批准的。

"863"计划从1987年全面铺开，上万名科学家在七大领域协同合作、各自攻关，很快就取得了丰硕的成果，中国在高科技领域逐渐接近世界先进水平。比如，在"863"计划七大领域中，空间技术位列第二，在天地往返运输系统基础上开展的载人空间站主题研究，为我国于1992年决定实施神舟号飞船载人航天计划提供了可靠的依据。2003年10月15日，神舟五号飞船首次实现了中国载人航天的伟大壮举，中国成为世界上第三个掌握飞船载人航天技术的国家，中国航天登上了一个新的制高点。

1991年4月，邓小平为"863"计划题词："发展高科技，实现产业化。"20世纪后半叶，世界浪潮的一个重要变化就是科学理论的发展速度已经超过生产实践的发展，成为生产和技术的先导。1988年9月5日，邓小平接见来访的捷克斯洛伐克总统古斯塔夫·胡萨克。这是一次不同寻常的会面，因为在当天午宴上邓小平提出了一个崭新的论断："马克思说过，科学技术是生产力，事实证明这话讲得很对。依我看，科学技术是第一生产力。"

几天后，9月12日上午，邓小平从战略层面向当时的中央负责同志论述了科学和教育的重要性："从长远看，要注意教育和科学技术。""我见胡萨克时谈到，马克思讲过科学技术是生产力，这是非常正确的，现在看来这样说可能不够，恐怕是第一生产力。""对科学技术的重要性要充分认识。科学技术方面的投入、农业方面的投入要注意，再一个就是教育方面。我们要千方百计，在别的方面忍耐一些，甚至于牺牲一点速度，把教育问题解决好。"

中国和世界发展的事实证明,"科学技术是第一生产力"这一论断,不仅是正确的,而且突破了传统的生产力认识范畴和对科学技术作用理解的局限性,使人们从更高层次上看到了人类社会的发展前景,指明了中国进行小康建设的有效推动力量和发展社会生产力的根本途径,为我国大力发展科学技术提供了重要理论依据。

1992年10月,党的十四大第一次把"科学技术是第一生产力"列为社会主义根本任务的五个主要论点之一,科技和教育的优先发展地位成为全党共识。1995年5月,全国科技大会颁布《中共中央、国务院关于加速科学技术进步的决定》,第一次提出"科教兴国"战略。江泽民在大会上指出:"科教兴国,是指全面落实科学技术是第一生产力的思想,坚持教育为本,把科技和教育摆在经济、社会发展的重要位置,增强国家的科技实力及实现生产力转化的能力,提高全民族的科技文化素质。"1996年3月,"九五"计划和2010年远景目标纲要把实施"科教兴国"作为我国跨世纪建设蓝图的关键措施。1997年9月,党的十五大把科教兴国战略作为我国把现代化建设全面推向21世纪的发展战略。

站在今天回顾,科教事业的蓬勃发展,成为我国小康建设事业突飞猛进和中华民族自立于世界民族之林的基础。党的十九大,"优先发展教育事业"成为社会建设的重中之重。第三方评估表明,我国教育总体发展水平已跃居世界中上行列。习近平总书记说:"建设教育强国是中华民族伟大复兴的基础工程,必须把教育事业放在优先位置,深化教育改革,加快教育现代化,办好人民满意的教育。"同时,我国在高科技领域急起直追世界先进水平,经过不懈努力攻关,产生一批高科技成果,极大提升国家综合实力和国际地位。我国不仅拥有了世界顶级的科研设施,还培养了世界第一规模的科技人才,建成了相当完整的科学布局。"中国天眼"落成启用,"悟空"号并轨运行,"墨子号"飞向太空,神舟十一号和天宫二号遨游星汉……中国创新迎来以跟踪为主到跟踪和并跑、领跑并存的新阶段，成为中国特色社会主义进入新时代的重要体现。习近平总书记指出："从总体来看，我国在主要科技领域和方向上实现了邓小平同志提出的'占有一席之地'的战略目标，正处在跨越发展的关键时期。"纵观全局，邓小平提出的社会精神文明建设的战略方针，成为全面建设小康社会的重要支撑。

被誉为"中国天眼"的500米口径球面射电望远镜。

第 5 章
营造小康中国的和平环境

小康的安全保障

1980 年 9 月 17 日，在北京京西宾馆秘密召开了代号为"801"的军事会议，实际上是中国人民解放军总参谋部召开的防卫作战研究班，讨论的议题非常重要，是新形势下我军的战略方针问题。

此时，美苏两个超级大国的全球争霸愈演愈烈，我国的边境安全问题仍然十分严峻。我军秉承的战略方针，是 20 世纪 60 年代中期形成的"积极防御、诱敌深入"。这是我军几十年武装斗争经验的总结，其正确性也为长期的历史实践所证明。但随着世界的发展变化，军事斗争的形势、军队的编制体制、武器装备的水平，确实都已经发生了非常深刻的变化，军事战略方针是否也应该顺应时代进行改变呢？在"801"会议上，与会将领们围绕这个问题的争论非常激烈，甚至在休会用餐时间，讨论声都不曾停歇。

9 月 30 日，中国人民解放军总参谋长杨得志和副总参谋长杨勇、张震到邓小平的住处汇报了会议的进展情况。在汇报问题的同时，他们希望邓小平能到会场作些指示，明确我军在新形势下的战略方针。邓小平当即明确表态，他要去讲讲！

10 月 15 日，邓小平来到会场，明确表示："我赞成就是'积极防御'

四个字。"他对自己的观点作了解释："积极防御本身就不只是一个防御，防御中有进攻。既然是积极防御，本身就包括持久作战。"由此确定了中国人民解放军的"积极防御"战略方针。

在这次会议上，邓小平特别讲到国防建设与小康社会的关系问题，他说："现在我们搞四个现代化，提的目标就是争取二十年翻两番。到本世纪末人均国民生产总值达到八百至一千美元，进入小康社会。这要求我们的军费维持现在的比例。军费搞得太高不可能，肯定影响经济建设。怎么把这个钱用好，把钱更多地用来改进我们的装备，这也是我们考虑的一个战略问题。现在我们人头费花得多。一九七五年，我们曾决心'消肿'，每年节省一些钱用来搞装备，但是没有实现。军队要考虑的，不是增加军费预算在国家财政开支中的比重的问题，而是在这个已经定的比例范围内，怎么用好这个钱，用得更好，用得更合理，真正用在加强战斗力上。"

邓小平还把举行一次实兵演习提上议程，他提出："把一个军组成一个合成军，有炮，有坦克，有导弹，炮包括防空的，实际上就是一个集团军。有一两个集团军作基础，就可以进行合成军的训练，免得战时临时组成，指挥员都不会指挥。练兵也可以接触坦克，接触对空武器，接触导弹，这样就有了现代化作战的知识，我们军队的素质就可以提高。"

在 1981 年 9 月 14 日，行动代号为"802"的合成军军事演习在华北重镇张家口举行，又称为"华北军事演习"。1300 多辆坦克、装甲车，1500 余门火炮，285 架飞机 1000 多次飞行，1 万余辆汽车，10.5 万人规模的演习部队，在 30 多万平方公里的演习场地，进行了 4 个科目、持续 4 天的演练。这是邓小平决策采用的第一演习方案。当年 3 月 10 日，他向杨得志、张震明确表示："这样的演习对军队有鼓励作用，经过训练再搞实兵演习，可以提高部队实战水平。多年没有搞了，还是要搞一次。就按第一方案搞一次，节约一点。"

华北军事演习围绕新确立的"积极防御"战略方针展开，是中华人民共和国成立以来规模最大的一次军事演习,反映出我军对新的战略方针已有清晰认识,能够将其落实到战斗层面中去。

完成演习预定科目后,中央军委主席邓小平在张家口机场检阅了参演部队。他在讲话中提出了新时期军队建设的目标:"必须把我军建设成为一支强大的现代化、正规化的革命军队。"

此后,中国人民解放军为增强现代化条件下的作战能力,陆军方面着手组建陆军集团军,海军方面加强大型舰艇部队的建设,空军方面增加陆军航空兵等新兵种,整体装备得到改善。到 1984 年,军队建设初见成效。在当年的国庆阅兵中,28 种中国自行研制的武器装备集体亮相,其中战略导弹方阵的出现宣告着中国已经具备仅次于美苏的远程战略核打击能力。

1984 年 11 月 1 日,当人们仍为一个月前国庆阅兵那盛大的壮观场面而心潮澎湃的时候,中央军委座谈会在首都京西宾馆会议厅召开。会上,邓小平发表了近 90 分钟的讲话,表达了一个惊人的战略决心:在军队几次整编的基础上,再裁减员额 100 万!这并非心血来潮,也并非为赢得国际好评而哗众取宠,而是出自这位以高瞻远瞩、清醒果断著称的最高统帅对世界大势、国家大局和军队建设大目标的科学把握,是邓小平对国家、对人民、对军队高度负责的慎重抉择。

由于种种历史原因,人民解放军的"臃肿"问题由来已久。裁军"消肿",是邓小平很早的心愿。据不完全统计,邓小平在 1975 年到 1984 年的 10 年间,对于"消肿"问题,大会讲,小会讲,集体谈,个别谈,多达数十次。他指出,军队臃肿不堪,不仅把很多钱花在人员的穿衣吃饭上面,更主要的是,真正打起仗来,不要说指挥作战,就是疏散也不容易。这是我们存在的一个最大问题。在此期间,虽进行过四次精简整编,但"消肿"问题一直未能得到很好解决。至 1985 年,人民解放军军费只有 191 亿元人民币,仅占同年美军军费的 2%,

■ 中国核潜艇与常规潜艇大洋练兵。(龙运河 摄影)

不及苏军军费的零头，而人民解放军的员额却是美军的两倍，与苏军持平。对裁减100万，有些领导人担心会减弱军队的战斗力。邓小平作了一个生动、风趣的比喻，深入浅出地阐明了军队建设中数量与质量的关系：虚胖子能打仗？大力士、拳击运动员身体很重，但是不虚，虚就不能进行拳击。军队要多节省开支，改善武器装备，更要提高军政素质，这就必须减少数量；同时，保留下来的人员足以应付意外事件。在以上认识的基础上，邓小平充满信心地指出："再减100万，一是必要，二是没有风险。好处多得很！"

军委座谈会后，总参按照邓小平确定的裁军100万的目标，重新起草了《军队改革体制精简整编方案》。1985年3月，中央军委常务会议原则同意修改后的《军队改革体制精简整编方案》。邓小平听了汇报，充分肯定这个方案，说：精简100万，是一件好事，不是消极的，是积极的，军队的组织机构精干了，工作效率提高了，战斗力加强了。5月23日，中央军委扩大会议开幕，军队高级将领济济一堂，讨论贯彻落实《军队改革体制精简整编方案》的措施和步骤。大家坚决拥护裁军百万的重大战略决策，决心按照中央军委的要求，有秩序、有步骤地完成这一任务。

裁军百万，这意味着在南疆自卫反击战炮火不断、北面苏军重兵压境的局势下，人民解放军员额要减少25%。6月10日，新华社将这一惊人决策公之于众，并进一步说明："裁军百万，是中国政府和人民有力量的表现。它表明，拥有10亿人口的中华人民共和国愿意并且用自己的实际行动对维护世界和平做出贡献。""参加军委扩大会议的陆、海、空三军高级干部，坚决拥护这一重大战略决策。"电讯迅速传遍全军，传遍全国，引起强烈反响。同时，在国际裁军争吵多年不见成效，两个超级大国明里裁军，暗里扩充军备的背景下，中国政府主动裁军百万的决策犹如平地惊雷，震惊了世界，全球瞩目。1985年，成为中国的"裁军年"。邓小平说：与其说是"精兵"，不如说是"精官"。"这是个得罪人的事情！我来得罪吧！不把这个矛盾留给新的军委主席。"

各总部、各军兵种、各大军区和国防科工委机关及其直属单位，撤并业务相近部门和重叠机构，降低部分单位的等级，减少层次，人员精简40%，使机关和勤务部队在全军的编制比例下降，战斗部队、科研单位和院校的编制数额在全军总定额的比例提高。将原来的11个军区合并为七个大军区，保留北京、沈阳、济南、兰州、成都、广州、南京军区，撤销武汉、昆明、福州、乌鲁木齐等四个军区。调整后的军区，战区范围扩大，兵源充足，物质资源雄厚，战役纵深加大，提高了独立作战能力，有利于统一调整后方布局，避免因重复部署造成人力、物力、财力的浪费。减少军级单位31个，师团级单位4054个。海军和空军淘汰陈旧落后的舰艇和飞机，相应减少了人员。一些担任内卫执勤任务的部队移交公安部门，改为人民武装警察部队。2529个县级人民武装部划归地方建制，工作人员改为地方干部，任务不变，实行地方和军队双重领导。较大幅度地调整各兵种的编成比例，加强了特种兵部队。凡保留下来的陆军，军级建制全部改编为"合成集团军"。合成集团军的组建，是人民解放军在建设现代化合成军队的道路上迈出的具有历史意义的一步，"从某种意义上讲，这个意义不亚于在战争年代开辟一个根据地"。

经过裁军，全军官兵比例由原来的1∶2.45降到1∶3.3，其中陆军部队官兵比例降到1∶6.4。此外，还减少了指挥机关里的副职，使指挥系统更加精干。结合精简整编，按照革命化、年轻化、知识化、专业化的方针调整配备了三总部、大军区、军兵种的领导班子。调整后的三总部领导班子的人数减少了23.8%，大军区领导班子的人数减少了一半。在平均年龄上，由原来的64.9岁下降到56.7岁，每个班子中都有40岁、50岁、60岁左右的干部，基本上形成了梯次年龄结构。知识结构也进一步改善,60%的干部具有大专以上文化程度,75%的干部经过院校培训。他们都有着丰富的部队工作经验,有的还是战斗英雄。一批德才兼备、年富力强的干部走上军队高级领导岗位,使人民解放军的高级领导层更加富有朝气和活力。此外,人民解放军高级领导班子的配备,不仅重视领导成员个人素质,而且注重整个班子的群体素质,合理地配备各种类型的人才,提高了整体效能。

1987年4月4日,在全国人大六届五次全会举行的中外记者招待会上,人民解放军副总参谋长徐信宣布:"中国人民解放军精简整编的任务已基本完成!裁减员额100万后,军队的总定额为300万。经过裁减100万,人民解放军的面貌发生了巨大的变化!"

邓小平着眼于国际大势和国家大局,着眼于军队新时期的历史使命,按照建设一支强大的现代化、正规化的革命军队的要求,确定了加强军队建设的一系列方针原则,开创了有中国特色的精兵之路。军队实现了建设指导思想的战略性转变,即由准备"早打、大打、打核战争"转到和平时期建设的轨道上来,摆脱多年来在临战状态下进行应急式建设的被动局面,在服从和服务于国家经济建设的前提下,有计划有步骤地进行现代化建设,朝着精兵、合成、高效的方向迈出重要一步。而且,百万大裁军举世瞩目,它为世界和平作出了贡献,受到全世界的称赞。

1992年7月,邓小平在审阅党的十四大报告时指出:"中国的武装力量,人数可以减少,但是质量要提高,不能削弱。中国是个大国,没有足够的武装力量,保证不了国家的安全。军队的问题是加强装备,加强作战指挥能力,提高战斗力。"

更重要的是,军队改革和建设有力地保证了国家主权和领土完整,维护了国家根本利益,成功应对了严峻的国际挑战,为小康社会建设的推进提供了坚强保障,支撑着中国经济社会持续迅速地向前发展。中央军委原副主席刘华清评价:"党的十一届三中全会以来,正是在小平同志的指引下，军队建设的指导思想实现了战略性转变，在军事、政治、后勤、国防科技等方面进行了一系列重大改革，军队建设出现了崭新局面，走上了一条有中国特色的革命化、现代化、正规化军队的正确道路。"

习近平总书记指出："研究军事问题，首先要科学判断世界发展大势，准确把握世界军事发展新趋势。"邓小平领导巨大的军事变革，为小康建设事业提供坚强保障，并不是单纯从军事着眼，而是以对国际局势和世界发展方向的科学判断为基础的。

小康的时代主题

列宁曾说："首先考虑到各个'时代'的不同的基本特征（而不是个别国家的个别历史事件），我们才能够正确地制定自己的策略；只有了解了某一时代的基本特征，才能在这一基础上去考虑这个国家或那个国家的更具体的特点。"时代和国情一样，是我们研究过去和现实社会的出发点。

中华人民共和国成立后，面临着严峻的国际环境和周边形势。50年代抗美援朝和60年代援越抗美，中国在与强大的美国对抗，1964年8月又发生了美国轰炸北部湾事件。60年代中苏关系逐渐恶化，到1969年发生珍宝岛事件，苏联在中苏、中蒙边境陈兵百万。危机四伏，促使中国对战争形势的估计越来越严峻。1965年，毛泽东提出的"备战、备荒、为人民"，成为六七十年代中国的国民经济计划工作，乃至社会主义建设工作所遵循的指导方针。据当时在外交部翻译室工作的吴健民回忆："（1965年）9月29日，陈毅副总理兼外交部长举行中外记者招待会，为了培养年轻人，领导让我也去了。当时驻中国的几十个外国记者全去了，中国记者也很多，把礼堂挤得满满的。有记者问到关于战争的问题，

国庆 70 周年阅兵，是我国国防科技工业发展和军队建设最新成就的集中体现。

> 指引 从小康到共同富裕

1971年10月25日，第26届联合国大会表决通过了恢复中华人民共和国的合法席位。图为时任外交部部长乔冠华（左）与首任中国常驻联合国代表黄华（中）。

陈老总激动起来，说你们都来吧！苏联人从北边来，印度人从西边来，美国人和蒋介石从南边来，我等你们来等得头发白了。当时就是这样的气壮山河，听得二十多岁的我是热血沸腾。我做翻译时，经常听一些老同志、领导讲，趁着我们这些老家伙在，打吧！打完之后再建！六十年代、七十年代，毛主席见外宾时说，山雨欲来风满楼。什么山雨？大战要大爆发了。再往后，毛主席对外宾讲得更激动了，说现在燕子已经低飞了。大家知道暴风雨来临之前，燕子低飞，这是一种自然现象。暴风雨就要来临，就是世界大战就要来临了。现在回过头看，毛主席对于形势的判断过于严峻，但放在当时的历史条件下看的话，也并非完全是空穴来风。"

50年代末60年代初，帝国主义殖民体系瓦解，一大批亚、非、拉美国家取得民族解放，社会主义阵营也发生分化，世界的历史条件变迁了，中国观察世界的角度随之变化，70年代按照"三个世界"理论把世界各国分为三个部分。关于这一变化，1981年1月4日，邓小平在会见美国政界人士时指出，美国一些人认为中国旨在摧毁像美国这样的国家，"这样的观点至少不是八十年代的观点，也不是七十年代的观点，而是恢复了六十年代以前的观点"。

进入僵持阶段后，美苏之间的核军备竞赛愈加恶性膨胀，世界上储存的核武器足够使地球毁灭"数十次"，其中95%以上属于美苏两家，地球上每个居民受到四千公斤梯恩梯炸药的威胁。1983年加利福尼亚大学教授特科、康奈尔大学天体物理学教授萨根、宾夕法尼亚大学阿克曼博士以及宇航局研究中心的图恩和波拉克博士五位科学家提出了"核冬天"理论。萨根在科研报告中预言说，一场核战可能导致一个核冬天。他描绘了核爆炸后的可怕图景，"从燃烧的城市升起的浓厚的烟雾会把世界包围起来，以致阳光不能照射到地球上给地球以温暖"，幸存者不久也会饿死。美国官方对这一理论故意冷落，说"不管核冬天是一种必然结果还是一种幻想，美国都不会改变政策"。但这一理论一经提出，就进一步推动了世界反核运动的高涨，给美苏形成了越来越大的政治和道义压力。欧洲是美苏核军备竞赛的最前沿，从1980年冬开始，欧洲和平运动迅速高涨，并迅速扩大到美国、日本，数以百万计的人掀起一次次声势浩大的反核示威。随着美苏核均势的逐渐形成，战略核武器也逐渐由"最后的手段"向威慑手段转变，美苏双方逐步放弃了核战争可以打赢的想法，认为核战争不能打，也不可能取胜。其中苏联的变化更加明显，明确提出核战争"不可能给任何人带来政治上的好处"，"核战争中没有胜利者和失败者"。美国总统里根也强调"核战争不可能取胜，决不可打核战争"。于是，美苏开始就限制战略核武器进行谈判。

邓小平并不认为这种谈话会有实际效果，但他提出小康建设时期新的时代主题，就是以这些事实为主要背景的。对世界形势、国际环境进行观察，作出判断，以之作为政治决策的基础，是每一位担负国家命运的领导人的必修课。尽管如此,能够超前、准确地把握世界发展趋势,并带领国家规避风险、抓住机遇,即便在世界舞台上也只有少数政治家能够做到,他们往往成为公认的卓越领导人。邓小平提出新的时代主题,并非是根据一时一地的某个事件作出的判断,而是在长时间的观察、实践和总结中得出的科学结论。

70年代末,在坚持"三个世界"理论的基础上,邓小平关于战争与和平的判断已开始有所改变。1977年,邓小平第三次复出不久,就推动起草了《人民日报》的编辑部文章,即11月1日发表的《毛主席关于三个世界划分的理论是对马克思列宁主义的重大贡献》,认为"世界上一切反对苏美两霸的力量联合起来加强斗争,是当前国际形势发展的主流","世界战争是不可避免的,但是可以推迟的";防务工作立足于早打大打,"但是这并不等于说战争明天一定就会打响"。12月28日,邓小平在中央军委全体会议上的讲话中谈道:"国际形势也是好的。我们有可能争取多一点时间不打仗。"

进入80年代,邓小平通过系统观察,开始调整对战争爆发可能性的估计。他在1980年1月题为《目前的形势和任务》的讲话中首先指出:"全世界都估计到,八十年代是个危险的年代。""国际上很难预料会发生什么问题,但是,可以说是非常动荡、充满危机的年代。"而与此同时,"我们有信心,如果反霸权主义斗争搞得好,可以延缓战争的爆发,争取更长一点时间的和平。这是可能的,我们也正是这样努力的"。他提出80年代中国人民要做的三件大事:加紧社会主义现代化建设;争取实现包括台湾在内的祖国统一;反对霸权主义,维护世界和平。他于10月25日同胡乔木、邓力群谈道:"我们过去的提法,是立足于早打、立足于大打、立足于明天就打。这里包括对世界大战的估计问题。我们还是认为,世界大战不可避免。但究竟什么时间打?我在一九七五年说过,五年打不起来。五年过去了,没有打。现在看,再有五年或者更多时间，也还是打不起来，因为双方的战略部署都还没有完成。这样，我们的工作就不能还是建立在过去那种估计的基础上。备战经费，可以挪出一部分来搞经济建设。"1981年1月19日，他对外宾表示："提高警惕是必要的，但不要过分严重估计形势，不要造成人为的紧张，天天生活在恐惧状态中不行，这对我们不利。"

随着时间的推移，邓小平关于战争与和平的判断越来越乐观。1982年8月，他对联合国秘书长德奎利亚尔表示："我们不是悲观主义者，我们只是提出战争的危险性。我们说，战争的因素在增长，但制止战争的因素也在增长。"1984年3月，邓小平同几位中央负责人谈话时说："大战打不起来，不要怕，不存在什么冒险的问题。以前总是担心打仗，每年总要说一次。现在看，担心得过分了。我看至少十年打不起来。"

邓小平对战争与和平前途的判断并不是被动的，而是主动的，也就是说，他并非静态地观察和平的产生，而是动态地在实践中积极促进制止战争因素的增长，尽一切努力争取世界和平。这或许是政治家与学者在思考角度上的区别。

1983年11月23日，邓小平对外宾阐释"利用时间发展自己"的考虑："战争的危险确实存在，这个问题我们讲了多少年了。但我看至少五年内打不起来。我们要利用这样的有利条件来发展自己，如果争取到十年不发生战争，那对我们是最有利的，看来还是有可能的。不管国际风云如何变幻，我们总是利用时间发展自己。"11月29日上午，邓小平又在会见外宾时着重提出了"这种独立自主的外交政策更有利于争取和平"。这是酝酿时代主题过程中产生的一个重要的外交基本方针。

1984年春节过后，李先念于2月8日、15日主持召开中央外事工作领导小组会议，会议提出进一步调整对外政策，认为在外交工作中，不要以美划线、以苏划线，也不要以我划线。一个国家的社会制度的性质，有其客观标准，不能以它们与中国关系好坏来判定。要避免出现以我为中心的现象。与这次会议同时，邓小平视察了深圳、珠海、厦门和上海，2月17日回到北京，20日上午就在住地同领导外事工作的李先念谈话。两天后，22日上午，邓小平会见了美国乔治城大学战略与国际问题研究中心高级顾问兹比格涅夫·布热津斯基和主任阿穆斯·乔丹率领的代表团。在这次会见中，邓小平说："世界上有许多争端，总要找个解决问题的出路。我多年来一直在想，找个什么办法，不用战争手段而用和平方式，来解决这种问题。""总要从死胡同里找个出路。"此时，他并没有认为自己已经考虑成熟，他表示："有些话不一定准确，可能考虑不周到，但是要把世界局势稳定下来，总要想些主意。我多次讲过，中国人不比世界上任何人更少关心和平和国际局势的稳定。中国需要至少二十年的和平，以便聚精会神地搞国内建设。"

4月28日上午，邓小平在人民大会堂东大厅会见了来访的美国总统里根。在同里根的会谈中，中美关系尤其是台湾问题自然是重中之重，但邓小平首先阐述了对国际形势的看法。他表示："和平是我们共同关心的首要问题。世界局势不稳定，但争取和平的前景良好。"面对着自1979年两国建交以来访问中国的第一位在职美国总统，邓小平提出这一观点的分量是不同的。

到1984年10月，邓小平在战争与和平的问题上，已经完成了对前景和趋势的判断由悲观到乐观的转变。10日，他对来访的联邦德国总理赫尔穆特·科尔说："一九七四年你来访问，我们曾经谈到战争危险，现在我们对这个问题的看法有一点变化。""我们感到战争危险仍然存在，仍要提高警惕，但防止新的世界战争爆发的因素在增长。""要争取和平的环境，就必须同世界上一切和平力量合作。"

此后他一直坚持这一观点，并得到了历史的验证。以此为前提，邓小平把发展问题提到了非常突出的位置。

邓小平对世界发展问题的关注则可追溯到很久之前。1974年召开的第六届特别联大会议就是专门讨论这个问题的。在这次会议上，阿尔及利亚等国针对联合国开发计划署制定的援助不发达国家两个十年计划均已失败，富国越来越富，穷国越来越穷，世界经济秩序极不合理的状况，提出建立国际经济新秩序的主张。邓小平在那次会议上作了系统阐述毛泽东三个世界理论的著名讲演。他在讲演中也阐述了另一个主要问题，就是建立国际经济新秩序的主张。他把长期被和平问题掩盖的发展问题，提到了更加重要的位置，反映了时代的新特征、新趋势，更揭示了世界局势的本质。

邓小平于1984年5月17日会见外宾时归纳道："我看世界现在存在两个最根本的问题。第一是反对霸权主义，维护世界和平。当今世界不安宁的根源来源于霸权主义的争夺，它损害的是第三世界国家的利益。第二是南北问题。这是今后国际问题中一个十分重要的方面。"第二天出版的《人民日报》报道这次会见时，摘发了邓小平的这一重要观点。

5月29日上午，邓小平会见巴西总统若昂·菲格雷多。这次，邓小平新的概括是"世界上的两个突出问题"："一是和平问题"，"二是南北问题"。在此前很长的一段时间里，发展问题被冷战造成的紧张局势所掩盖。邓小平预测到东西方关系的逐渐缓和，在作出战争可以避免的正确判断后，迅速地将发展问题提到非常显要的位置，随着时间的推移，发展问题甚至超过战争危险成为国际关系中的主要矛盾。这是非常有预见性，且影响深远的。稍加注意就会发现，从发展问题的角度观察国际社会发生的矛盾、冲突，如今已成为我们观察世界变化的基本方法，是各个国家决定内外政策的重要依据。

提出"世界上的两个突出问题"后，1984年到1985年，邓小平对这个问题进行了深入的思考和系统的总结，关于时代主题的认识趋于成熟。

1984年10月31日，邓小平会见缅甸总统、缅甸国务委员会主席吴山友。在关于时代主题的探讨中，这次外事会谈是非常重要的。邓小平鲜明地提出:"国际上有两大问题非常突出,一个是和平问题,一个是南北问题。还有其他许多问题,但都不像这两个问题关系全局,带有全球性、战略性的意义。"以此为契机,邓小平还提出了在整个国际社会积极倡导和平共处五项原则的主张,他说:"处理国与国之间的关系,和平共处五项原则是最好的方式。其他方式,如'大家庭'方式,'集团政治'方式,'势力范围'方式,都会带来矛盾,激化国际局势。总结国际关系的实践,最具有强大生命力的就是和平共处五项原则。"

1984年12月13日上午,邓小平会见苏丹总统加法尔·穆罕默德·尼迈里,向他系统介绍了中国对国际问题的新主张:"现在世界上的问题可以概括为两大问题,就是东西问题和南北问题。东西问题也就是和平问题。""南北问题对第三世界国家是个非常现实的问题,南方国家首先要摆脱贫困。"

关于时代主题的最终归纳产生于1985年3月4日,邓小平向日本客人详细介绍了中国对世界主题的新认识和和平外交政策,正式提出"现在世界上真正大的问题,带全球性的战略问题,一个是和平问题,一个是经济问题或者说发展问题",也就是"和平与发展"的时代主题新论断。而他的这一思想上升为中国的国家意志,并开始指导实践,还有一个历史过程。其中的关键环节,是3个月后的中央军委扩大会议。

在1985年6月4日的中央军委扩大会议上,邓小平系统阐述了对国际形势的判断和对外政策上的两个重要转变:

"第一个转变,是对战争与和平问题的认识。""在较长时间内不发生大规模的世界战争是有可能的,维护世界和平是有希望的。根据对世界大势的这些分析,以及对我们周围环境的分析,我们改变了原来认为战争的危险很迫近的看法。"

"第二个转变,是我们的对外政策。""过去有一段时间,针对苏联霸权主义的威胁,我们搞了'一条线'的战略,就是从日本到欧洲一直到美国这样的'一条线'。现在我们改变了这个战略，这是一个重大的转变。""我们奉行独立自主的正确的外交路线和对外政策，高举反对霸权主义、维护世界和平的旗帜，坚定地站在和平力量一边，谁搞霸权就反对谁，谁搞战争就反对谁。"

邓小平评价这两个转变的意义说："总之，一个是对国际形势的判断，一个是根据这个判断相应地调整对外政策，这是我们的两个大变化。现在看来，这两个变化是正确的，对我们是有益的，我们要坚持下去。只要坚持这样的判断和这样的政策，我们就能放胆地一心一意地好好地搞我们的四个现代化建设。我们的立足点还是自力更生，但是我们搞开放政策，利用国际和平环境更多地吸收对我们有用的东西，这对加速我们的发展比较有利。"

通过中央军委扩大会议，邓小平关于时代主题的新论断上升为中国实行新的国际战略的指导方针。外交学院原院长吴建民评价道："现在我们正处在一个大的变化过程当中，我觉得当前这个变化，可能是1648年来三百多年间最深刻的变化。""中国发现时代变化的第一人是邓小平。""正是由于认识到了这一巨大变化，长期困扰我们的国内发展难题、国际争端，才有了切合实际的解决思路。"

邓小平提出和平与发展的时代主题，标志着我们对世界发展趋势判断的根本转变。回头来看，在国际关系领域，我们在"奔小康"的整个时间段里都坚持了邓小平在80年代确定的总体方针，成功赢得了小康社会所需的和平外部环境，并且积极发挥了反对霸权主义、维护世界和平的国际作用。事实也证明，邓小平在1992年"南方谈话"中所说的"世界和平与发展这两大问题，至今一个也没有解决"，不仅在当时是正确的，也符合今天的时代特征。

指引 从小康到共同富裕

小康的外部环境

和平与发展的时代主题上升为国家意志的判断后,成为我国具体外交实践的指导,用于处理层出不穷的国际问题。作为世界重量级国家领导人,邓小平不仅领导着我国的国际关系事务,更从宏观上指出了中国怎样才能在纷繁复杂的世界舞台上为和平与发展问题的解决作出自己的贡献。中国在全面展开小康建设的同时,也打开了全新的外交局面,在联合国的作用大大加强,这些都为保障国家安全、争取和平的外部环境创造了良好条件。国务院原国务委员戴秉国说:"1979年打开了跟西方的关系,特别是跟美国,西方最大的发达国家实现了关系正常化。这为我们后来改革开放,奠定了很好的国际格局的基础,也促进了世界的稳定与繁荣。"在政治、经济、科技等方面的中外合作迅速增加,中国能够直接从世界上的发达国家引进技术、资金,学习先进管理经验,进行对外贸易,这成为推进小康事业的重要助力。

邓小平对国际关系,尤其是对中、美、苏三角战略关系独具慧眼的把握,他使中国外交政策逐步完善,促成了中国的崛起以及世界向多元化、多极化方向发展,为冷战结束后新的世界政治和经济秩序的建立埋下伏笔。黄华说:"邓小平十分珍视国际局势趋于缓和的特点,强调要执行睦邻友好政策,主张同近邻国家搁置争议,共同开发,同各国实行互利合作,为中国的经济和社会发展创造长期稳定的良好的国际环境。一直到晚年,邓小平经常向周围同志提示,要抓住机遇。他认为,趋于缓和的国际局势、我国稳定和经济发展、中国和国际社会的互利合作以及几千万海外华人心向祖国等都是我国和平发展的有利机遇,务必抓紧。"

1979年1月29日晚,邓小平在美国总统卡特举行的欢迎宴会上说,中美两国社会制度不同,意识形态不同,但两国人民的利益、世界和平的利益要求两国政府用长远的战略观点从国际形势的全局看待两国关系。中美两国人民的友好合作，不仅有利于两国的发展，也必将成为维护世界和平和促进人类进步的强大因素。

1983年6月，中央外事小组成员进行了调整。中央外事小组由新当选国家主席的李先念任组长，日常工作仍由姬鹏飞负责。在7月13日的中央外事工作领导小组会议上，李先念讲话指出："党的十一届三中全会后，我们在对外工作中继承并发展了这一方针、路线，重大决策都是在小平同志主持下作出的，并在实际工作中打开了新的局面。在外交战线上，我们面临的任务更加艰巨，斗争更加复杂。我们必须在党中央领导下兢兢业业地做好工作，重大问题要及时请示党中央和小平同志。"

这年下半年，中央外事小组讨论了国际形势，认为：国际形势经过几年的发展变化，一直讲的"苏攻美守"已经不能准确地概括当前美苏争霸的战略态势，同意外交部提出的美苏争霸处于"战略僵持"状态的看法。对外仍然继续强调美苏争霸是国际局势紧张动荡的主要根源。对于中央外事小组的分析和安排，邓小平表示同意。他冷静地观察国际形势的新变化，考虑如何争取和平，基本的着眼点在于，中国的建设和改革需要一个和平的外部环境。在重要的大国关系中，他一方面稳定中美关系，另一方面致力于缓和中苏关系。

中苏关系曾经是我国对外关系的枢纽，举足轻重，但又错综复杂。由于历史原因，中苏之间经历了从20世纪50年代的联盟到60、70年代的敌对状态。中苏关系的好坏，直接影响着中国小康建设的进程，影响着世界的和平与稳定。自1982年起，邓小平作出巨大努力，最终实现了中苏关系正常化。

70年代末，苏联虽多次向中方提出缓和两国关系的建议，但并没有实际行动，反而加快在中国周边侵略扩张的步伐。80年代初，苏联仍在中苏边界和蒙古人民共和国驻扎重兵，入侵阿富汗，又支持越南入侵柬

> **指引** 从小康到共同富裕

▌ 1982年3月，苏共中央总书记勃列日涅夫在塔什干的讲话发表后，邓小平马上打电话给外交部，指示外交部立即作出反应。图为3月26日，外交部副部长钱其琛就勃列日涅夫的讲话在北京举行新闻发布会。

埔寨，从北、西、南三个方向对我国形成威胁，这就是阻碍中苏关系正常化的三大障碍。

从1979年9月开始，中苏开始了副外长级的国家关系谈判。1982年3月24日，在中亚塔什干的会议上，苏联领导人勃列日涅夫表示：我们过去没有否认，现在也不想否认中国存在着社会主义制度。我们过去和现在从未以任何方式支持所谓"两个中国"的概念。过去完全承认、现在仍然承认中华人民共和国对台湾岛的主权。从苏联方面来说，过去和现在都没有对中华人民共和国进行任何威胁。我们过去没有、现在也没有对中国提出任何领土要求，并准备在任何时候就现存的边界问题举行谈判，以便达成彼此可以接受的解决办法。我们还准备讨论关于在苏中边界地区加强互相信任方面可能采取的措施。

勃列日涅夫在塔什干讲话后，中国政府积极回应苏联改善两国关系的愿望。1982年4月16日，邓小平在会见来华访问的罗马尼亚总统齐奥塞斯库时谈道：勃列日涅夫在塔什干的讲话，我们除了对他骂我们的话表示拒绝外，对其他的话我们表示注意到了。但是，我们重视实际行动，其中包括阿富汗、柬埔寨问题，也包括在中国边界屯兵。邓小平还请齐奥塞斯库转告勃列日涅夫，让苏方先做一两件事看看。

8月，外交部苏联东欧司司长于洪亮以巡视驻苏东地区中国使馆的名义，前往莫斯科向苏方传递谋求改善中苏关系的口信。20日，苏联第一副外长马尔采夫约见中国驻苏使馆临时代办马叙生，说苏方对中方口信所提建议感到高兴，表示苏方愿意在任何时候、任何地点和任何级别上同中方讨论实现两国关系正常化的问题。经过协商，双方决定从1982年10月开始，由两国政府特使（副外长级）轮流在北京和莫斯科就改善两国关系问题进行磋商。这一磋商持续长达6年，共12轮。

但是到1986年4月中苏副外长级特使在莫斯科举行第8轮政治磋商为止，双方在消除三大障碍问题上一直未能取得任何进展。这主要是因为中苏双方对改善双边关系各有打算。苏方改善苏中关系的主要目的是借苏中关系缓和缓解其与美争霸战略中的被动局面，并不是想实质性调整其对外战略和政策。同时，中苏任何一方都没有因为政治磋商旷日持久且毫无进展便提出中断谈判，也从一个侧面说明了两国领导人的确都有缓和与改善两国关系的意愿。中苏关系虽然没有实质性的进展，但改善了中国的战略地位，迫使美国不得不在处理对华关系上采取更加积极的态度，这也是1984年后中美关系能够迅速发展的重要原因之一，而中美关系的发展又使中国在处理对苏关系时处于有利地位。

这一时期，中方接连参加苏联领导人勃列日涅夫、安德罗波夫及契尔年科的葬礼，三次"葬礼外交"在缓和中苏因多年对立而形成的敌对情绪、增进两国交流发挥了重要作用。中苏在经济、贸易、科学、文化、体育等领域的联系大大增加，两国关系已获得明显的改善。

1985年3月，戈尔巴乔夫成为苏联领导人。他在当选苏共中央总书记的苏共中央全会上表示，苏联希望认真改善同中华人民共和国的关系，并且认为只要双方都愿意，这是完全可能的。

10月9日，邓小平请罗马尼亚总统齐奥塞斯库给戈尔巴乔夫带口信，提出在三大障碍中苏联只要在越南从柬埔寨撤军问题上与中国达成具有可信性的谅解，他甚至可以破例，到莫斯科去与戈尔巴乔夫会见。此时，中国改革开放即将全面展开，为经济建设创造和平稳定的国际环境成为中国对外战略的主要目标，而实现中苏关系正常化将极大改善中国的国际处境。

1986年7月28日，戈尔巴乔夫在海参崴发表讲话，显示苏方立场有了重要变化。在"三大障碍"问题上，这次没有重弹"不设先决条件""不损害第三国利益""从不威胁中国"等老调，不再回避从阿富汗、蒙古和边境地区撤军问题。但在柬埔寨问题上，苏联的态度还没有发生实质性变化。

9月2日，邓小平接受美国哥伦比亚广播公司"60分钟"节目记者迈克·华莱士的独家电视采访。华莱士向邓小平提出一个全世界瞩目的问题：邓主任，您对戈尔巴乔夫最近在海参崴的讲话有何看法？邓小平说：戈尔巴乔夫在海参崴的讲话有点新东西，所以我们对他的新的带积极性的东西表示了谨慎的欢迎。但戈尔巴乔夫讲话也表明，他的步子迈得并不大。在戈尔巴乔夫发表讲话后不久，苏联外交部官员也讲了一篇话，调子同戈尔巴乔夫的不一样。这就说明，苏联对中国政策究竟怎么样，我们还要观察。迈克·华莱士又问：您以前有没有见过戈尔巴乔夫？邓小平说：没有。迈克·华莱士说：您是否想见见他？因为他说过，他愿意同你们在任何时候、任何级别上谈任何问题。您愿意同他进行最高级会晤吗？邓小平明确答道：如果戈尔巴乔夫在消除中苏间三大障碍，特别是在促使越南停止侵略柬埔寨和从柬埔寨撤军问题上走出扎扎实实的一步，我本人愿意跟他见面。我可以告诉你，我现在年龄不小了，过了八十二了，我早已经完成了出国访问的历史任务。我是决心不出国的了。但如果消除了这个障碍，我愿意破例地到苏联任何地方同戈尔巴乔夫见面。我相信这样的见面对改善中苏关系，实现中苏国家关系正常化很有意义。

1987年，中断了9年的中苏边界问题谈判重新开始，先后于1987年2月9日至23日在莫斯科、1987年8月7日至21日在北京、1988年10月20日至31日在莫斯科举行了三轮谈判。第二轮谈判后，双方同意，通航河流以主航道中心线、非通航河流以河流中心线或主流中心线划界，合理解决东段边界问题。

1988年，苏联在消除中苏关系正常化的三大障碍上有了实质性进展，中苏关系出现新的转机。4月14日，苏方在关于政治解决阿富汗问题的日内瓦会议上签字，承诺从5月15日起从阿富汗撤军，10个月内全部撤完。5月26日，越南方面宣布，于6月开始从柬埔寨撤出五万军队，剩下的军队将由金边政权指挥，并于1990年年底前全部撤出。1989年2月5日，两国外长发表关于解决柬埔寨问题声明，双方就解决柬埔寨问题达成九点一致看法。这预示着中国所说的最重要的一个障碍，即柬埔寨问题基本上得到解决，从而为中苏高级会晤扫清了道路。

1989年5月，苏共中央总书记、苏联最高苏维埃主席团主席戈尔巴乔夫对中国进行了正式友好访问。5月16日，一个历史性的时刻来到了。上午10时5分，戈尔巴乔夫来到人民大会堂东大厅，邓小平迎上前去，两人面对着100多位中外记者热烈握手。这标志着中苏两国、两党关系的正常化。

整个会晤持续近三个小时。邓小平先从两个方面回顾了历史：一是一百年来中国在列强压迫下遭受的损失，二是近几十年来对中国最大的威胁来自何方。邓小平总结了几十年风风雨雨的中苏关系，强调主要是苏联把中国摆错了位置，真正的实质问题是不平等。他认为中苏之间以往的意识形态争论并无多少实质意义，对中国来说最重要的是尊严和安全。邓小平强调国家间关系关键是国家与国家要平等。中国不会侵犯别国，对任何国家都不构成威胁。他相信，中苏关系有很大的发展空间，双方要"多做实事，少说空话"。

邓小平说将这次高级会晤概括为八个字："结束过去，开辟未来"，戈尔巴乔夫表示赞同。5月18日，双方发表《中苏联合公报》。中苏高级领导人的成功会晤和中苏关系正常化，对两国和世界都具有相当深远的影响。中苏关系正常化促使两国关系进入正常发展轨道，长达20年的中苏紧张对峙结束了，7000多公里边界线两边的人们恢复了传统友谊，国际局势因此更加稳定。同时，又为90年代中国和苏联及独联体各国关系的发展打下良好基础。

8年后，邓小平逝世，举世哀悼。在各国政要的悼词中，俄罗斯前总理切尔诺·梅尔金的一番话引起强烈共鸣："邓小平个人对我们两国关系正常化和迅速发展所作的贡献是无法估量的。"钱其琛评价："如今回顾起来，当时把握住了历史时机，实现了中苏关系的正常化，意义十分重大。""如果当时错过了有利时机，后来两国关系的发展，可能会是另一个样子。"戴秉国也说："实现中苏关系的正常化，我们对外关系的布局就合理和完善了。"

这些外交领域的重要战略决策，都是为中国顺利进行现代化建设、如期实现小康目标创造和平融洽的外部环境所做的努力。邓小平在1982年就对联合国秘书长德奎利亚尔说："达到小康的水平。如果能实现这个目标，我们的情况就比较好了"，"从现在到本世纪末是一个阶段，再加三十至五十年，就是说我们希望至少有五十年到七十年的和平时间。我们提出维护世界和平不是在讲空话，是基于我们自己的需要，当然也符合世界人民的需要，特别是第三世界人民的需要"。习近平总书记指出："邓小平同志明确提出和平与发展是当代世界的两大问题，领导我们党及时调整各方面政策,为改革开放和社会主义现代化建设创造了难得历史机遇和良好外部环境。"

小康的世界意义

中国与世界,和平与发展,都是相辅相成、相互促进的。邓小平在提出新的时代主题的时候,就已经充分考虑到了中国发展到小康水平的世界意义。

一方面,中国人民的生活达到小康水平,本身就是对全球发展的重要贡献。

世界是普遍联系的,在提出小康目标时,邓小平以其宽广的视野认识到,达到小康目标的"那个时候,中国国内市场比较大了,相应的,与国外的经济交往,包括发展贸易,前景就更加宽广了"。在归纳时代主题的时候,他更是对来自发达国家的客人们直言不讳地指出:"欧美国家和日本是发达国家,继续发展下去,面临的是什么问题?你们的资本要找出路,贸易要找出路,市场要找出路,不解决这个问题,你们的发展总是要受到限制的。""现在世界人口是四十几亿,第三世界人口大约占世界人口的四分之三。其余四分之一的人口在发达国家,包括苏联,东欧(东欧不能算很发达),西欧,北美,日本,大洋洲的澳大利亚、新西兰,共十一二亿人口。很难说这十一二亿人口的继续发展能够建筑在三十多亿人口的继续贫困的基础上。"

小康目标诞生时,我国人民的生活尚处于温饱不足的状态。从小康目标提出到1984年全面改革,我国首先推动了土地经营制度的变革,这种变革极大地激发了广大农民的劳动热情,从而解放了生产力,提高了土地产出率。同时进行的多项改革,也为广大农村的贫困人口提供了新的出路。国民经济快速发展,农产品价格逐步放开,乡镇企业异军突起,

国家实施"八七扶贫攻坚计划",贫困人口从1993年的8000万下降到2000年的3209万,农村贫困发生率从8.8%下降到3.5%。图为被誉为"扶贫路"的京九铁路阜阳枢纽。

农业产业结构向附加值更高的产业转化,农村劳动力在非农领域就业,改革红利通过这三个渠道传递到了贫困人口身上,使大批贫困农民得以脱贫致富,农村贫困问题得到大幅缓解。

20世纪80年代中后期,在小康社会建设和全面改革开放政策的推动下,我国绝大多数地区凭借各自的优势,经济实现快速增长,贫困现象显著减少。但少数地区由于各种条件的制约,发展相对滞后。贫困地区与其他地区,特别是与东部沿海发达地区在经济、社会、文化等方面的差距逐步扩大。我国发展存在不平衡问题,低收入人群中有相当一部分人生活非常困难。自此时起,党和国家对传统的救济式扶贫进行彻底改革，确定了开发式扶贫的方针，有针对性地采取了一系列扶贫措施，如成立专门扶贫工作机构、安排专项资金、制定专门的优惠政策。通过数年的努力，到20世纪90年代初期，我国农村贫困人口减少到8000万。

90年代，随着"翻两番"的提前实现、改革的深入发展和国家扶贫开发力度的不断加大，我国贫困人口逐年减少，贫困特征也发生较大变化，贫困人口分布呈现明显的地域特征。1994年3月，中央发布《国家八七扶贫攻坚计划（1994—2000年）》，提出集中人力、物力、财力，动员社会各界力量，力争用七年左右的时间，到2000年底基本解决当时全国农村8000万贫困人口的温饱问题。这是新中国历史上第一个有明确目标、明确对象、明确措施和明确期限的扶贫开发行动纲领。在此统领下，1997年至1999年这三年中，我国每年有800万贫困人口解决了温饱问题。到2000年底，基本实现《国家八七扶贫攻坚计划（1994—2000年）》提出的目标。这也是我国如期实现总体小康目标的重要一环。

进入新千年，我国连续实施《中国农村扶贫开发纲要（2001—2010年）》和《中国农村扶贫开发纲要（2011—2020年）》，贫困人口大幅减少，贫困发生率也显著下降。根据中国社会科学院和国务院扶贫办发布的我国首部"扶贫蓝皮书"——《中国扶贫开发报告2016》提供的数据，小康建设开展以来，我国在减少贫困人口、提高居民生活质量方面取得了重大进步。按照2010年价格农民年人均纯收入2300元扶贫标准，我国农村贫困人口从1978年的7.7亿减少到2015年的5575万，减少了71464万人或者92.8%；同期农村贫困发生率，从97.5%下降到5.7%，降低了91.8个百分点。按照世界银行2011年购买力平价1天1.9美元的贫困标准，1981年至2012年全球贫困人口减少了11亿或者55.1%，同期中国贫困人口减少了7.9亿，我国减少的贫困人口占到全球减少贫困人口的71.82%。联合国发表的《千年发展目标2015年报告》显示，全球极端贫困人口从1990年的19亿降至2015年的8.36

2017年5月30日,航拍四川武胜县白坪—飞龙乡村振兴示范区罗曼蒂克庄园。(闫金强 摄影)

亿，中国在其中的贡献率超过70%，为全球减贫事业作出了重大贡献。2015年，党的十八届五中全会从实现全面建成小康社会奋斗目标出发，明确到2020年我国现行标准下农村贫困人口实现脱贫，贫困县全部摘帽，解决区域性整体贫困。

在小康社会建设的过程中，我们积累了丰富的扶贫经验，开拓出中国特色扶贫道路。我国是最早实现联合国千年发展目标中减贫目标的发展中国家，为世界减贫事业作出了巨大贡献。在"奔小康"的道路上，我们不断创新扶贫开发方式，实现扶贫开发重大理论创新，开创脱贫攻坚新局面，为全球减贫提供了中国经验。

不仅是人民生活，在整体经济水平上，小康中国也成长为世界经济增长的第一引擎。1978年，中国对世界经济增长的贡献率为3.1%。小康目标提出以后，中国对世界经济的贡献作用明显加强，1979年至2012年，中国对世界经济增长的年均贡献率达到15.9%，仅次于美国，位居世界第二位。自2006年以来，中国对世界经济增长的贡献率稳居世界第一位。2013年至2018年，中国对世界经济增长的年均贡献率达到28.1%。如今，中国已经成为世界经济增长的主要稳定器和动力源，对世界经济增长的贡献率持续保持在30%左右。

另一方面，发展起来的小康中国，是世界和平的重要维护力量。

也是在提出时代主题的时候，邓小平谈道："如果说中国是一个和平力量、制约战争的力量的话，现在这个力量还小。等到中国发展起来了，制约战争的和平力量将会大大增强。我可以大胆地说，到本世纪末，中国能达到国民生产总值翻两番的目标，也就是我曾经跟大平正芳先生讲的达到小康水平，那时中国对于世界和平和国际局势的稳定肯定会起比较显著的作用。"在邓小平看来，中国在和平与发展的时代主题下，可以为世界和平作出更大贡献。他说："我可以明确地肯定地讲一个观点，中国现在是维护世界和平和稳定的力量，不是破坏力量。中国发展得越强大,世界和平越靠得住。"

早在 1974 年在联合国大会作发言时,邓小平就提出过建立国际经济新秩序的基本主张。十一届三中全会以后,他又直接领导了纵横捭阖的外交实践,取得了辉煌的成就。到 20 世纪 80 年代后期,根据长期的观察与思考,邓小平将在联合国提出的国家经济新秩序问题扩展为建立国际政治经济新秩序,并且明确了和平共处五项原则的基础性地位。到 1988 年下半年,也就是国际格局发生剧变的前夕,根据国际形势和中国最新的深刻变化,邓小平提出了"建立国际新秩序"的主张。他指出:"现在需要建立国际经济新秩序,也需要建立国际政治新秩序。新的政治秩序就是要结束霸权主义,实行和平共处五项原则。最经得住考验的不是霸权政治,不是集团政治,而是和平共处五项原则。我们要经过几十年的努力,在和平共处五项原则的基础上建立国与国之间的关系,特别是邻国之间的关系。解决战争与和平的问题,建立国际新秩序的问题,都需要这些原则。"

1989 年 11 月,在党的十三届五中全会上邓小平实现了完全退休的愿望。在此前后,邓小平向中央提出了关于国际事务的指导意见,后来,这些指导意见被概括为人们熟知的四句话:"冷静观察,稳住阵脚,沉着应付,有所作为。"了解情况的人都知道,前三句和最后一句并不是同时提出的,其中相差了一年多的时间。可以说,"有所作为"是一条关键性的补充,其充分地反映出这一年多的时间里邓小平对世界的观察与思考。

1989 年 9 月 4 日上午,邓小平致信中共中央政治局,请求辞去中共中央军事委员会主席职务。同日上午,他在住地同江泽民等中央领导同志商量自己退休的时间和方式问题。就在这次谈话中,邓小平向新一代中央领导集体提出:"对于国际局势,概括起来就是三句话:第一句话,冷静观察;第二句话,稳住阵脚;第三句话,沉着应付。不要急,也急不得。要冷静、冷静、再冷静，埋头实干，做好一件事，我们自己的事。"在当时，这三句话每一句都有很强的现实针对性。比如，"冷静观察"主要针对的是动乱问题，"稳住阵脚"主要是针对战争的问题。从今天来看，当时中国即将面对的是世界性的政治危机，中国首先要确定的是把握住自己，但世界局势前景难料，邓小平提出的"冷静、冷静、再冷静"正是应对危机的不二法门。

1990年3月3日，邓小平在住地同江泽民、杨尚昆、李鹏等人谈话，此时距离1991年3月27日戈尔巴乔夫在苏联进行全民公投还有整整一年的时间。而四个月来，随着危机的不断爆发，世界局势更加混乱，邓小平却对世界发展的趋势认识得更加清晰，他坚持了时代主题的基本判断，并且隐含着中国可以有所作为的乐观估计。他说："看起来，我们过去对国际问题的许多提法，还是站得住的。现在旧的格局在改变中，但实际上并没有结束，新的格局还没有形成。和平与发展两大问题，和平问题没有得到解决，发展问题更加严重。""我们对外政策还是两条，第一条是反对霸权主义、强权政治，维护世界和平；第二条是建立国际政治新秩序和经济新秩序。这两条要反复讲。"这两条实际上分别对应着和平与发展问题，且都着眼于积极行动，换句话说，中国在促进世界和平与发展这两个领域都要有所作为。

1990年底，邓小平再次同江泽民、杨尚昆、李鹏谈话，经过一年多的观察和思考，他对中国在危机后的新世界中可以发挥的作用已经有了比较准确的认识。在谈到国际问题和中国的对外政策时，邓小平首先从不能做什么说起："中国永远站在第三世界一边，中国永远不称霸，中国也永远不当头。"随后，正式提出了"有所作为"的指导原则："在国际问题上无所作为不可能，还是要有所作为。""作什么？我看要积极推动建立国际政治经济新秩序。我们谁也不怕，但谁也不得罪，按和平共处五项原则办事，在原则立场上把握住。""有所作为"，是邓小平在世界格局发生剧变的过程当中提出的，是指导我国处理国际事务的重要原则。即使在退休以后，国际格局发生剧变，邓小平也始终坚持这一主张。1992年，他在"南方谈话"中谈道："社会主义中国应该用实践向世界表明，中国反对霸权主义、强权政治，永不称霸。中国是维护世界和平的坚定力量。"邓小平预见到了中国在未来世界经济格局中的地位，经过40多年的小康建设，中国已经逐步具备世界和平发展问题的话语权。

习近平总书记指出："邓小平同志的贡献，不仅改变了中国人民的历史命运，而且改变了世界的历史进程。邓小平同志赢得了中国人民衷心爱戴，也赢得了世界人民广泛尊敬。"着眼实现小康之后的未来，邓小平指出："达到小康水平，可以说是中变化。到下世纪中叶，能够接近世界发达国家的水平，那才是大变化。到那时，社会主义中国的分量和作用就不同了，我们就可以对人类有较大的贡献。"

第 6 章
突破小康面临的困境障碍

决策开发开放浦东

1989年,党的十三届四中全会形成了以江泽民为核心的党的第三代中央领导集体,带领全国人民克服困难,继续进行小康社会建设。这年9月4日,邓小平向中央政治局致信,请求辞去中共中央军事委员会主席职务,并表示"退下来以后,我将继续忠于党和国家的事业"。在交班的时候,他想的还是"到本世纪末翻两番有没有可能?我希望活到那个时候,看到翻两番实现"。11月12日,邓小平对参加中央军委扩大会议的全体同志讲道:"我认为,确定以江泽民同志为核心的党中央,是我们全党做出的正确的选择。""我虽然离开了军队,并且退休了,但是我还是关注我们党的事业,关注国家的事业,关注军队的前景。"

在这段时间,国际形势也发生了深刻变化,出现政治格局多极化、经济全球化、科技信息化三大趋势。苏联东欧持续动荡,两极格局即将结束,大国关系也要重新调整,新的霸权主义强权政治有所抬头。以信息技术为主要标志的世界科技革命形成新高潮,科技实力成为决定国家综合国力强弱和国际地位高低的决定性因素。知识经济初见端倪,经济全球化进程明显加快,跨国公司的生产经营和规模迅速发展,以强强联合为特征的兼并浪潮一轮一轮地兴起,跨国公司成为影响世界经济发展的重要因素。伴随经济全球化进程,区域经济集团化倾向也在发展。90年代中国的"奔小康",面对着这样一个日益复杂的国际政治、经济环境。

1920年,邓小平从上海登上邮轮,奔赴欧洲寻找救国之路,这是他第一次到上海。1988年到1994年,邓小平在上海连续过了七个春节。1990年1月20日,邓小平从北京前往上海。此时,中国正遭受西方国家的经济"制裁",国内外对改革开放政策的怀疑之声不绝于耳。当时上海的情况也令人担忧:长期以来,上海为中国发展作出了重要贡献,也作出了巨大牺牲。上海被赋予了改革开放后卫的角色,承担了沉重的历史责任。1981年到1988年,上海的经济增长速度连续七年低于全国平均水平,国民生产总值第一的位置被江苏取代,外贸出口的冠军让位给了广东,曾经引以为豪的主要经济指标十个全国第一,只保留了财政上交第一。到20世纪80年代末,上海市场狭窄、设备落后、住房紧缺、交通阻塞、污染严重。美国《华尔街日报》写道:"上海是中国最大的城市,也是问题最多的城市,远东第一都市的殊荣早已逝去。"中国该怎么打破困局?上海又该向何处去?列车上,邓小平的心情并不轻松。

1月28日,大年初一,上海少有地下了一场雪。上午,邓小平委托同他一起来的老战友、国家主席杨尚昆代表他听取上海市委的汇报。为此,杨尚昆专门带了一个笔记本,但是直到汇报结束,却一个字也没有记。

时任上海市委常委、秘书长的王力平回忆:"尚昆同志一个字都没记,就在这儿笑眯眯地听,说完了以后,快到十二点了,他说是不是有时间,再聊一聊。外国人说我们要收啦,我们要向'左'转啦,不搞改革开放。小平同志说,做点什么事情,证明我们没有收,没有向'左'转,上海的同志,你们想一想。"

邓小平的要求,让上海市委领导颇感意外,为了回答好这个问题,他们专门向几位已经退居二线的老领导请教。几天后,上海市委再次向杨尚昆等人做了汇报,包括上海存在的严重问题,以及上海市几届领导班子关于重振上海的各种设想,其中一个重点是:开发浦东。

波光粼粼的黄浦江穿城而过,把上海市区一分为二,分成了浦东和浦西。浦东,指的是黄浦江以东、长江口西南、川杨河以北的一块三角形地区,面积约350平方公里。当时,这里除了几个码头、仓库和工厂,仍然是阡陌纵横的田园风光,与一江之隔的繁华外滩形成鲜明对比。"宁要浦西一张床,不要浦东一间房",是当地的一句民谚。从20世纪80年代初期,开发浦东就是上海市政府的重要设想,但苦于缺少条件,难以实施。

汇报会结束后,杨尚昆把上海方面开发浦东的设想详细地汇报给了邓小平,邓小平表示赞同,但没有提出具体意见。

2月13日,邓小平准备返回北京。在乘中巴车前往火车站的途中,邓小平对时任上海市委书记的朱镕基说:"(开发浦东)我赞成。你们应当多向江泽民同志汇报。""你们搞晚了。但现在搞也快。"他还鼓励朱镕基:"从八十年代到九十年代,我就在鼓动改革开放这件事。胆子要大一点,怕什么。"这番话,表达了我国开发浦东的决心!

上海是中国经济和财政的支柱。在这里搞大动作,不仅要冒很高的风险,还要面对来自各方面的压力。稍有差错,甚至会动摇整个国家经济的基础。

但是,开发浦东不仅可以打破国际封锁,更能迅速把改革开放提升到一个更高的层次。邓小平已经预见,以此为契机,中国将打开小康社会建设的全新局面。

1990年2月27日上午,邓小平在人民大会堂福建厅会见香港特别行政区基本法起草委员会的委员。利用会见前不多的时间,邓小平把江泽民、杨尚昆、李鹏等几个人叫到一起,开门见山地说:上海要搞浦东开发区,可以引进资金和先进技术,是发展经济的一条捷径,应该支持一下。

江泽民当即表示:我们一定抓紧办,抓紧开发。邓小平还特别交代李鹏:"你是总理,浦东开发这件事,你要管。"李鹏一刻也没有耽误,当天中午就开始着手布置相关工作。

3月3日,邓小平再次向中央负责同志强调:"上海是我们的王牌,把上海搞起来是一条捷径。"

与此同时,国家计委主任邹家华、副主任叶青已率工作组在浦东进行了实地考察。3月下旬,国务院副总理姚依林率队来到上海,进行为期十天的深入调研。姚依林向上海市负责人转达了邓小平的意见:对于浦东,不仅要开发,还要开放。

王力平说:"开发浦东是上海同志先提出来的,开放浦东是小平同志提出来的。这样,在那年1990年的人代会,题目很清楚,落实邓小平同志的指示,开发开放浦东。"

1990年5月3日,上海市人民政府浦东开发办公室和浦东开发规划研究设计院正式挂牌。

4月12日，中央政治局会议原则通过国务院提交的浦东开发方案。18日，李鹏在上海向全世界公开宣布：加快上海浦东地区的开发，在浦东实行经济技术开发区和某些经济特区的政策。30日，上海市政府召开新闻发布会，朱镕基宣布了开发浦东的十条政策。

开发开放浦东的决策一经公布，首先打消的是国外对中国未来走向的疑虑。7月15日，美国《纽约时报》记者纪思道这样写道：中国正在建立亚洲的金融中心，同时向世界证明，它仍然未关闭对世界的大门。这位普利策奖得主还敏锐地观察到：中国正在将他的经济发展从珠三角移到长三角。

决策已经制定，但要付诸实施，还有许多想象不到的困难。最主要的阻力，并不是资金和基础设施的短缺，而是思想的禁锢。王力平回顾："有的人认为，我们就是打个政治牌，表示个态度，要钱没钱，国外又'制裁'，中央支持有限，就是表示个态度，要搞恐怕不能着急。总觉得好像信心上差一点。"

1990年，是开展小康社会建设以来我国国民经济增长最缓慢的一年，仅有3.8%，中国经济陷入了停滞困境。同时，国际风云剧变，国内有些人对中国的改革开放提出了诘难，对每一项措施都要"问一问是姓社还是姓资"。中国，再次面临向何处去的问题。

1991年1月27日，邓小平再次出发前往上海。这一次邓小平特别提出，要到几个企业去看一看。而且，他一路看一路讲，讲的话掷地有声。

2月6日上午，邓小平视察上海大众汽车有限公司，这里生产的"桑塔纳"是中国老幼皆知的车型，在全国轿车市场销量第一，而且基本实现了国产化。看着流水线上的一辆辆新车，邓小平说："如果不是开放，我们生产汽车还会像过去一样用锤子敲敲打打。""说'三资'企业不是民族经济，害怕它的发展，这不好嘛。发展经济，不开放是很难搞起来的。""改革开放还要讲，我们的党还要讲几十年。""光我一个人说话还不够,我们党要说话,要说几十年。"

10点30分,邓小平离开上海大众。坐车途经外滩,朱镕基指着被喻为"万国建筑博览群"的外滩大楼对邓小平说,解放前这里是银行大楼,解放后是政府办公楼,有些楼现在可以租赁给外国人设银行、办商业,但又有顾虑,有些人担心这和旧上海的租界差不多了。

听了这些,邓小平毫不犹豫地说:要克服一个怕字,要有勇气。什么事情总要有人试第一个,才能开拓新路。试第一个就要准备失败,失败也不要紧。希望上海人民思想更解放一点,胆子更大一点,步子更快一点。

在视察中,邓小平还专门谈到了计划与市场的问题。他说:"不要以为,一说计划经济就是社会主义,一说市场经济就是资本主义,不是那么回事,两者都是手段,市场也可以为社会主义服务。"时任上海市委副书记的吴邦国回忆:"为什么谈这个问题呢?因为上海,大家知道是一个长期的计划经济比较集中的地方,国有企业比较集中的地方,也是计划经济贯彻得比较彻底的一个地方。最多的时候上海百分之九十五以上都是指令性计划,所以要想上海经济有一个比较大的腾飞,要几年跨一个台阶,首先的问题就是从计划经济束缚里面要摆脱出来。"

通过几天的视察,邓小平更加确信了开发开放浦东的重要性和紧迫性。2月18日,在市中心新锦江酒店的四十一层旋转餐厅,邓小平听取了浦东开发的规划,他进一步鼓励上海人民:"我们说上海开发晚了,要努力干啊!""开发浦东,这个影响就大了,不只是浦东的问题,是关系上海发展的问题,是利用上海这个基地发展长江三角洲和长江流域的问题。抓紧浦东开发,不要动摇,一直到建成。只要守信用,按照国际惯例办事,人家首先会把资金投到上海,竞争就要靠这个竞争。"

他还提出:"金融很重要,是现代经济的核心。金融搞好了,一着棋活,全盘皆活。上海过去是金融中心,是货币自由兑换的地方,今后也要这

> **指引** 从小康到共同富裕

2019年8月6日,国务院印发《中国(上海)自由贸易试验区临港新片区总体方案》,标志着临港新片区正式设立。

样搞。中国在金融方面取得国际地位,首先要靠上海。"

"抓紧浦东开发,不要动摇,一直到建成。"邓小平的这一系列掷地有声的讲话,当时外界毫不知情。考虑自己已经退休,邓小平要求:不见外国人,不放电视,不见报,免得引起外国报纸注意。但这些思想火花难掩光芒,还是以另一种形式走进了百姓之中。

1991年2月15日,正是农历辛未羊年正月初一,上海《解放日报》头版,一篇署名"皇甫平"的评论——《做改革开放的"带头羊"》,引起了人们的关注。文章开篇即鲜明提出:"抚今忆昔,历史雄辩地证明,改革开放是强国富民的唯一道路,没有改革就没有中国人民美好的今天和更加美好的明天!"文中引用了许多邓小平视察上海时的原话,力透纸背。

从 2 月 15 日到 4 月 12 日,《解放日报》头版连续发表了四篇署名"皇甫平"的文章,每篇间隔 20 天左右。四篇文章相互呼应,阐明宣传了邓小平最新的改革开放思想。这些思想火花转化为推进改革的舆论先导,成为次年"南方谈话"的前奏曲。

1993 年 12 月 13 日,上海下着冬雨,还有六级寒风,但是准备前往杨浦大桥视察的邓小平兴致很高,早上 5 点就起床,8 点他乘坐的面包车已经行驶在路上了。兴之所至,邓小平当场赋诗一句:"喜看今日路,胜读百年书。"这在他一生中只此一次。他登上世界跨度最大的斜拉桥杨浦大桥,说道:"这是上海工人阶级的胜利。我向上海工人阶级致敬!"

此时的上海,经济正以平均两位数的增长率快速增长着,1992 年至 1995 年,上海的地区生产总值分别为 1114.32 亿元、1519.23 亿元、1990.86 亿元、2499.43 亿元。上海恢复了远东第一都市的荣光,向全球递上了一张世界级的名片。1994 年 2 月,在即将返回北京的时候,邓小平再次找上海市负责人谈话。时任上海市委书记的吴邦国回忆:"已经送他上火车了,已经都告别过了,又把我和黄菊叫到火车上去,又谈了十分钟。一直谈到什么时候?谈到火车已经启动,动了,再不下火车,就把我们带到北京来了。"在火车上的十分钟,邓小平谈的重点是上海要抓住机遇,从现在开始到 2010 年是难得的机会,"你们要抓住二十世纪的尾巴",不要丧失了。

吴邦国谈道:"他(邓小平)说上海抓住机遇以后,就可以一年有一个变化,三年就会有大的变化。所以上海市一年一变样,三年大变样,是深入人心的一个口号。"火车终于开走了,邓小平再也没有回过上海。实际上,这就是他最后一次到外地视察。

2021 年,浦东实现地区生产总值 15353 亿元,对上海全市经济增长贡献超过 40%。2021 年,上海地区生产总值为 43214.85 亿元。如今的上海,是全球闻名的国际大都市,极具现代化而又不失中国传统特色,上海既是中国最大的城市之一,也是最重要的经济金融中心、交通枢纽和对外贸易口岸。

发表"南方谈话"

1992年1月19日上午9点,一趟列车停在了深圳站的月台。邓小平步出车门,时隔八年,他的足迹又一次踏在处于改革开放前沿的这块热土上。

这一年,中国处在一个重大历史关头。国际形势的变化给社会主义中国带来一系列新震荡、新问题、新挑战。国际社会主义运动遭受严重挫折之后,中国还要不要坚持以经济建设为中心,坚持改革开放,坚持"小康社会"的目标不动摇?这是不能回避,必须作出正确回答的问题。

这一年,还是中国小康社会建设进程中一个重要的时间节点。改革开放经历了14年,"小康"目标提出也已经有13个年头,我们到了必须明确经济体制改革目标的时候。1992年秋天,将要召开党的十四大。面对国际形势的新变化和国内经过三年治理整顿之后改革开放的新情况,党的十四大将怎样谋划中国社会主义的发展前景,举什么旗,走什么路?这是国际国内关注的焦点。

这一年的春天,注定浓墨重彩。

深圳,一座年轻的城市,没有古老而神奇的传说,却是中国20世纪末一篇传奇的神话。千里迢迢,舟车劳顿,但邓小平毫无倦意。当时担任邓小平保健医生的傅春恩回忆:"下了火车到宾馆休息了一会儿,首长就要去看看市容。我们觉得才到了没一会儿又要出去比较辛苦。他不怕,不辞辛苦的。"邓小平说:"到了深圳,我坐不住啊,想到处去看看。"

车子缓缓地在市区穿行。八年前，这里有些还是一汪水田、几池鱼塘，还有羊肠小路和低矮的房舍。现在，宽阔的马路纵横交错，成片的高楼耸入云端，到处充满现代化的气息。繁荣兴旺、生机勃勃的景象，令邓小平十分高兴，他后来说："八年过去了，这次来看，深圳、珠海特区和其他一些地方，发展得这么快，我没有想到。看了以后，信心增加了。"当听说1984年他来时，深圳人均收入只有600元，到了1992年人均收入已经达到2000元，他感到很欣慰。

国贸大厦直插云霄，深圳的建设者曾在这里创下"三天一层楼"的纪录，成了"深圳速度"的象征。1月20日上午，邓小平在国贸大厦53层的旋转餐厅俯瞰深圳市容，他看到高楼鳞次栉比，一派欣欣向荣的景象，充分肯定了深圳在改革开放和小康社会建设中所取得的成绩，然后说道："我们推行三中全会以来的路线、方针、政策，不搞强迫，不搞运动，愿意干就干，干多少是多少，这样慢慢就跟上来了。不搞争论，是我的一个发明。不争论，是为了争取时间干。一争论就复杂了，把时间都争掉了，什么也干不成。不争论，大胆地试，大胆地闯。"

他语气坚定地说："要坚持党的十一届三中全会以来的路线、方针、政策，关键是坚持'一个中心、两个基本点'。不坚持社会主义，不改革开放，不发展经济，不改善人民生活，只能是死路一条。基本路线要管一百年，动摇不得。"

陪同的邓榕忆及当时的情景："起初没有任何人要求他讲，所以我当时就措手不及，连笔都没带，只能跟服务员要了一支笔，又把在餐厅里面的白纸巾，要了两张。所以那个谈话记录是我用服务员的笔在餐巾纸上记下来的。"

1月22日，邓小平到深圳仙湖植物园，种下了一棵长青高山榕。当听说当地有一种"发财树"，他说："让全国人民都种,让全国人民都发财。"当天下午，邓小平向广东省和深圳市的负责人指出："改革开放胆子要大一些，敢于试验，不能像小脚女人一样。看准了的，就大胆地试，大胆地闯。深圳的重要经验就是敢闯。没有一点闯的精神，没有一点'冒'的精神，没有一股气呀、劲呀，就走不出一条好路，走不出一条新路，就干不出新的事业。不冒点风险，办什么事情都有百分之百的把握，万无一失，谁敢说这样的话？一开始就自以为是，认为百分之百正确，没那么回事，我就从来没有那么认为。"

1月23日，邓小平结束了在深圳五天的考察，登上了海关902快艇，启程到珠海特区考察。

快艇劈波斩浪向珠海疾驶而去。八年前邓小平由深圳到珠海时也是横渡百里珠江口，走的也是这条航线。舰舱内，广东省委书记谢非打开一张广东省地图，和珠海市委书记、珠海市市长梁广大一起向邓小平汇报广东改革开放和经济发展的情况。邓小平戴上老花眼镜，一边看地图，一边听汇报，一边也在谈话。他的女儿邓楠说："我印象最深的就是，我们从深圳坐船到珠海的时候，在船上大约有一个小时的时间，他一直在滔滔不绝地说。我曾经打断过他两次，我说爸爸，休息一会儿吧。但是我这话刚一落，他又开始说。你不让他说都不行，我觉得他是最后给国家、人民作一点交代。"

快艇接近珠海市九洲港，邓小平站起来，望着窗外烟波浩渺的伶仃洋说："我们改革开放的成功，不是靠本本，而是靠实践，靠实事求是。""实践是检验真理的唯一标准。我读的书并不多，就是一条，相信毛主席讲的实事求是。过去我们打仗靠这个，现在搞建设、搞改革也靠这个。我们讲了一辈子马克思主义，其实马克思主义并不玄奥。马克思主义是很朴实的东西，很朴实的道理。"

梁广大说："他（邓小平）强调整个中国都要加快发展，不要等。因为当时整个国际形势瞬息万变，我们不争分夺秒地赶上去，就会出问题。"

快艇行驶一个多小时后靠岸，邓小平来到了已经成为充满现代气息的花园式海滨城市——珠海。他边听边看，不断地点头表示赞许："这样搞很漂亮，有自己的特点。""这里很像新加坡呀，这么好的地方谁都会来，我要是外商的话，我也会来这里投资的。"

梁广大向邓小平汇报："试办特区前，珠海有不少人外流到香港、澳门。生产队长一早起来吹开工哨才发现，队里六七十个强劳动力一夜之间全跑了。有个260多户人家的村子，除了老人和孩子，全都跑空了。特区创办后，珠海人的生活一天比一天好起来，过上了小康水平的富裕日子，原来外流的珠海人也纷纷回来了。那个跑空了的村子，除队长一人感到'无颜见江东父老'没回来外，其他260多户人家都回到珠海定居了。现在还有些澳门人到珠海来定居。"

听到这些，邓小平很高兴地说："这好嘛，说明社会主义能战胜资本主义。"随后，他沉思了片刻，再开口并未谈一时一地之事，而是以恢宏的历史眼光，发表了一段重要讲话："我坚信，世界上赞成马克思主义的人会多起来的，因为马克思主义是科学。它运用历史唯物主义揭示了人类社会发展的规律。封建社会代替奴隶社会，资本主义代替封建主义，社会主义经历一个长过程发展后必然代替资本主义。这是社会历史发展不可逆转的总趋势，但道路是曲折的。资本主义代替封建主义的几百年间，发生过多少次王朝复辟？所以，从一定意义上说，某种暂时复辟也是难以完全避免的规律性现象。一些国家出现严重曲折，社会主义好像被削弱了，但人民经受锻炼，从中吸收教训，将促使社会主义向着更加健康的方向发展。因此，不要惊慌失措，不要认为马克思主义就消失了，没用了，失败了。哪有这回事！"

高科技企业，是珠海经济特区的主要产业之一。在珠海的七天里，邓小平一连考察了几个高科技企业。1月25日，在亚洲仿真控制系统工程有限公司，他向公司总经理游景玉求证："科学技术是第一生产力的论断，你认为站得住脚吗？"游景玉回答说："我认为站得住脚，因为我们是用实践来回答这个问题的。"邓小平点点头："就是靠你们来回答这个问题。"游景玉接着说："我们过去的实践、现在的实践和未来的实践都会说明这个问题。我相信它是正确的。"邓小平表示："希望所有出国学习的人回来。不管他们过去的政治态度怎么样，都可以回来，回来后妥善安排。这个政策不能变。告诉他们，要做出贡献，还是回国好。希望大家通力合作，为加快发展我国科技和教育事业多做实事。"

看着机房内先进的技术设备和良好的工作条件，邓小平感慨地说："我是看新鲜，越新越好，越高越好。越新越高，我就越高兴。我高兴，人民高兴，中国这个国家高兴。"

据游景玉回忆："照完相以后，小平同志特别高兴，和大家一个个握手，一个不落，不管是后排的人，还是前排的人。那个情景实在是让人非常激动，我们有些同志、有些年轻的工程师，几个人的手一起抓在他的手上，这个照片也留下来了。这充分体现了群众、年轻的知识分子、年轻的一代对小平同志的感情。我觉得小平同志本人也很舍不得走。"

在返回的路上，邓小平反复对省市负责人说："要挖掘人才，要不断造就人才，一年三百六十五天，都要做这件事。只要有人才，就可以创造出技术，事业就兴旺发达。"

1月31日，邓小平再次来到上海。2月3日晚，邓小平满面春风地出现在上海各界人士齐聚的猴年迎新晚会上。

正值春节，上海的大街小巷张灯结彩，年味很足。2月10日，邓小平来到中外合资上海贝岭微电子制造有限公司视察。

在公司的超净化车间，邓小平仔细观察从国外引进的先进设备，其中的关键设备大束流离子注入机，是首次从美国引进到中国的。这时，邓小平向周围的人提出了一个问题，令时任上海贝岭微电子制造有限公司董事长的陆德纯至今记忆犹新："邓小平看了这个设备以后就说了，这个设备是姓'资'还是姓'社'？就问大家。当时我们，小平同志身边好多人，包括吴邦国等等，我们都说是姓'社'，小平同志肯定了这一点。"邓小平说，它们姓"社"。资本主义国家的设备、技术、管理，拿来为我们社会主义所用，那就是姓"社"了。

2月12日，邓小平到上海闵行经济技术开发区视察，这里在1986年被批准为国家经济技术开发区，定位就是对外开放的窗口。

上午9点多，邓小平来到位于闵行经济技术开发区中心的紫藤宾馆一层大厅。时任闵行联合发展有限公司党委书记的鲁又鸣告诉我们："我跟小平同志汇报，通过这六年，我们投下去的钱，非但没有扔到黄浦江里面去——因为当时有人讲开而不发，地皮晒太阳，钱扔到黄浦江里面去了——我们的基本建设投资，不但是全部回收了，而且回收了二点八倍，他这个数字听得很清楚。他说二点八倍，这不是有利于社会主义吗？"

原定十分钟的汇报，激动的鲁又鸣讲了二十分钟，88岁的邓小平始终在细心地听着。汇报结束后，邓小平意味深长地说："到本世纪末，上海浦东和深圳要回答一个问题，姓'社'不姓'资'，两个地方都要做标兵。要回答改革开放有利于社会主义，不利于资本主义。这是个大原则。要用实践来回答。""实践这个标准最硬，它不会做假。要用上百上千的事实来回答改革开放姓'社'不姓'资'，有利于社会主义，不利于资本主义。"

实际上，这是邓小平对纠缠许久的姓"资"姓"社"问题的正面回答。

1992年2月4日，《解放日报》头版率先发表了题为《十一届三中全会以来的路线要讲一百年》的署名评论，拉开了宣传邓小平"南方谈话"精神的序幕。中央和全国各地方媒体纷纷发表支持言论，《深圳特区报》著名的新闻通讯《东方风来满眼春》更是迅速传遍了世界。很快，中华大地上迸发出蓬勃盎然的无限生机。

对于邓小平来说，"南方谈话"相当于自己最后的政治交代。几个

> 指引　从小康到共同富裕

▍深圳莲花山公园邓小平铜像。

月后，他对自己的弟弟邓垦说："对我个人来讲现在死正好是时候，你们要想透、要超脱旧的观念，自然规律违背不了，但是呢我还想多活，剩下的时间想看看。我这一生有一个阶段性的成果，这个阶段在历史长河中是个重要曲折的阶段和取得最好效果的阶段，就是这次南方谈话定了调，这个调没有错。十二亿多人口有了明确的方向、道路和方法，市场经济是方法手段，不是确定社会性质，我们没有辜负这些年，做了应该做的事，做了好事，这辈子就可以了。"

2012年12月，党的十八大召开不久，新当选为党的总书记的习近平，第一次到地方考察选择了广东。8日上午9时许，深圳莲花山公园，游客络绎不绝。习近平来到这里，接见了当年参与特区建设和1992年陪同邓小平视察南方的几位老同志，向伫立在山顶的邓小平铜像敬献花篮。俯瞰深圳市的繁荣景象，习近平感慨地说："我们来瞻仰邓小平铜像，就是要表明我们将坚定不移推进改革开放，奋力推进改革开放和现代化建设取得新进展、实现新突破、迈上新台阶。"离开前，习近平挥锹铲土，同邓小平20年前一样，种下了一棵高山榕树。

在提出小康目标并带领中国人民建设小康社会的征程中，邓小平付出了自己最后的精力。"南方谈话"后不久，他的身体一下子垮了下来，再也没有缓过来。而此时，中国的小康社会建设已经登上了一个新的台阶。

确立社会主义市场经济

"南方谈话"中的一项关键性内容是："计划多一点还是市场多一点，不是社会主义与资本主义的本质区别。计划经济不等于社会主义，资本主义也有计划；市场经济不等于资本主义，社会主义也有市场。计划和市场都是经济手段。社会主义的本质，是解放生产力，发展生产力，消灭剥削，消除两极分化，最终达到共同富裕。"邓小平对社会主义和市场经济的关系问题进行了充分的辨析，在全国乃至全世界影响极大，建设社会主义市场经济迅速在全党全国达成共识。随后，江泽民提出采用"社会主义市场经济体制"的提法，邓小平表示赞成："实际上我们是在这样做，深圳就是社会主义市场经济。不搞市场经济，没有竞争，没有比较，连科学技术都发展不起来。产品总是落后，也影响到消费，影响到对外贸易和出口。"他还说："这样十四大也就有了一个主题了。"

10月，党的十四大指出："实践的发展和认识的深化，要求我们明确提出，我国经济体制改革的目标是建立社会主义市场经济体制，以利于进一步解放和发展生产力。"中国社会主义市场经济以此为标志最终确立。走到这一步极其艰难，邓小平为我国社会主义市场经济的确立作出了突出贡献。

20世纪初已产生了关于计划与市场的争论，那时世界上还没有社会主义国家，更与中国没有什么联系，围绕的就是对资源配置方式的选择问题。直到苏联的新经济政策调整时期，计划与市场的争论才与社会主义制度联系起来。但是经过半个世纪的历史演变，在全世界范围形成了一种强烈的观念，普遍认为社会主义与市场经济根本对立，在社会主义制度下存在和发展市场经济的可能性被彻底否定。邓小平经过10多年的思考和研究，在"南方谈话"中对这个问题作了清晰的总回答，解除了长期的思想束缚。在今天看来，正是邓小平"南方谈话"奠定了中国社会主义市场经济的新时代，很多人把这一点作为"南方谈话"的最大贡献。

历史是由人民书写的，中国确立社会主义市场经济并不是邓小平一个人的功劳。概括地说，中国社会主义市场经济是在以下四个方面的基础上建立起来的：第一，中华人民共和国成立以来以毛泽东为核心的党的第一代领导集体进行社会主义建设的经验和教训；第二，改革开放以来，在中国共产党领导下，全体中国人民进行的丰富而深刻的社会实践；第三，第二代、第三代领导集体深入探索和思考治国之道的结晶；第四，广大理论工作者对此问题的反复钻研和探讨。也就是说，社会主义市场经济这一伟大创举是在全体中国人民的共同努力下得以确立的，这个成果来之不易。

同时，马克思主义认为，要充分认识历史人物在历史的关键时刻发挥的重要作用。回顾历史，我们会发现，在中国社会主义市场经济的确立过程中，邓小平始终发挥着极为重要的作用。邓小平作为第二代领导集体的核心和中国特色社会主义理论体系的开创者，凭借其出类拔萃的政治判断力和决策魄力，有力地推动了社会主义市场经济的建立，这一世界历史上从未有过的经济制度在中国这个古老而庞大的国度中建立起来，为中华民族的伟大复兴指明了方向，为中国特色社会主义的发展打下了坚实的基础。

十一届三中全会是改革开放的起始点，但是，中国领导层和理论界对于社会主义是否必须完全排斥市场经济的思考，在十一届三中全会之前便已开始，邓小平未必是其中最早的。比如，国务院于1978年7月至9月召开的多次理论务虚会上已经提出相关理论命题，如"计划经济与市场经济相结合"。历史转折后，关于此问题的讨论更加丰富。比如，1979年3月17日的《光明日报》就曾有一篇题为《计划经济与市场经济能不能结合？》的报道。这些讨论的出现，是与当时邓小平倡导重新确立"解放思想、实事求是"的思想路线分不开的。但是，这些探索是初步的，面对充满激流险滩的未知领域，当时尚未有人能够或敢于得出一定的结论，更不用说设想社会主义与市场经济相结合。不过，邓小平是敢于开风气之先的，没过多久，他就以明确的语气回答了这个问题。

邓小平为社会主义建设提出了一个崭新的课题："社会主义也可以搞市场经济"，这是他在1979年11月26日会见美国客人吉布尼和加拿大客人林达光等人时提出的。在这次谈话中，邓小平首先强调了一个指导方针："当然我们不要资本主义，但是我们也不要贫穷的社会主义，我们要发达的、生产力发展的、使国家富强的社会主义。我们相信社会主义比资本主义的制度优越。它的优越性应该表现在比资本主义有更好的条件发展生产力。"需要注意的是，这一指导方针贯穿于邓小平思考社会主义市场经济问题的始终。正是在这一方针的指导下，他语气肯定地表示："说市场经济只存在于资本主义社会，只有资本主义的市场经济，这肯定是不正确的。社会主义为什么不可以搞市场经济，这个不能说是资本主义。我们是计划经济为主，也结合市场经济，但这是社会主义的市场经济。""市场经济不能说只是资本主义的。市场经济，在封建社会时期就有了萌芽。社会主义也可以搞市场经济。"

邓小平此时使用的概念"社会主义的市场经济",与后来的"社会主义市场经济"存在显著差异。首先,邓小平当时的思想也只达到将市场经济与作为主体的计划经济相结合,用市场补充计划的阶段;其次,邓小平此时思考的市场经济,尚未涉及多种所有制共同发展的问题。根据邓小平的表述,他当时考虑的主要是"全民所有制"的"市场经济"。

尽管带有一些时代的局限,但是立足于当时大多数人仍认为社会主义只能采取计划经济的舆论环境,邓小平"社会主义也可以搞市场经济"的论断,已经是理论上的巨大突破,成为社会主义市场经济确立的先声。也正由于其超前性,邓小平这一论断短时间内无法成为全党和理论界的共识。11月26日的谈话当时并没有公开发表,而是收在次年人民出版社内部发行的《中央领导同志同外宾的谈话》一书中,在全国范围影响不大。但是,星星之火,可以燎原,邓小平的思想火花还是促进了人们的思考,直接的表现就是当时理论界的讨论更加广泛和激烈。

小康目标提出后一个月,1980年1月16日,邓小平在中共中央召集的干部会议上再次提出"计划调节和市场调节相结合"的观点。一系列的突破和进展,在1981年的《关于建国以来党的若干历史问题的决议》和1982年党的十二大报告中取得了阶段性的成果。《关于建国以来党的若干历史问题的决议》中提出:"必须在公有制基础上实行计划经济,同时发挥市场调节的辅助作用。"党的十二大报告中则形成了"计划经济为主,市场调节为辅"的提法。这样,全党全国在观念上终于突破了市场经济与社会主义之间绝不兼容的教条,进入向社会主义市场经济转变的新阶段。对此,邓小平有首创之功。

以党的十二大的突破为开端,中国还要走过十年的艰苦历程,才能实现改革目标的正式确立。在这一过程中,既有实践层面不断克服困难的奋勇前进,更有理论层面不断进行突破的创新之举。在理论突破方面,有两个至关重要的环节。在这两个环节中，邓小平再次发挥了举足轻重的作用，这就是引领理论创新，推动社会主义市场经济不断步入新的阶段。

第一个关键环节是肯定社会主义商品经济，中心事件是《中共中央关于经济体制改革的决定》的通过。

确立社会主义市场经济，不可能一蹴而就，关乎全局的一步是首先突破商品经济与计划经济相对立，资本主义与商品经济相等同的传统观念。关于社会主义国家能否运用商品经济，邓小平早在1980年已有论述，而且是从当时正如火如荼的农村改革谈起的。邓小平指出："可以肯定，只要生产发展了，农村的社会分工和商品经济发展了，低水平的集体化就会发展到高水平的集体化，集体经济不巩固的也会巩固起来。关键是发展生产力，要在这方面为集体化的进一步发展创造条件。""多种经营发展了，并随之而来成立了各种专业组或专业队，从而使农村的商品经济大大发展起来。"中国的经济改革起自农村，在邓小平尊重农民首创精神的指导下，十一届三中全会之后，通过推行家庭联产承包责任制、大力发展专业户、部分放开农产品统购统销、调整农产品价格等方式，农村经济改革在全国逐渐展开，到1984年，农业生产和农民生活水平大幅提高。在这种情况下，城市经济改革提上议程，中国将开始统摄全局的全面经济体制改革，商品经济也成为搞活城市经济的必要选择。于是，《中共中央关于经济体制改革的决定》指出："改革的基本任务是建立起具有中国特色的充满生机和活力的社会主义经济体制。""改革计划体制，首先要突破把计划经济和商品经济对立起来的传统观念，明确认识社会主义计划经济必须自觉依据和运用价值规律，是在公有制基础上的有计划的商品经济。商品经济的充分发展，是社会经济发展的不可逾越的阶段，是实现我国经济现代化的必要条件。"对于《中共中央关于经济体制改革的决定》，邓小平给予了极高的评价和充分的肯定。当该决定通过后，邓小平就在十二届三中全会上即席讲话："这个决定，是马克思主义的基本原理和中国社会主义实践相结合的政治经济学。我有这么一个评价。"

确定了新概念"社会主义的商品经济",全面经济改革也已经展开,但是社会主义与市场经济之间的"鸿沟"尚未弥合。《中共中央关于经济体制改革的决定》中说的也"不是那种完全由市场调节的市场经济"。邓小平清楚地看到这一点,仅仅一年之后,他已经开始引领中国经济体制改革新一轮的理论突破。

第二个关键环节是解决市场经济与社会主义相统一的问题,中心事件是1987年10月党的十三大。

"社会主义和市场经济之间不存在根本矛盾。问题是用什么方法才能更有力地发展社会生产力。我们过去一直搞计划经济,但多年的实践证明,在某种意义上说,只搞计划经济会束缚生产力的发展。把计划经济和市场经济结合起来,就更能解放生产力,加速经济发展。"这是1985年10月邓小平与美国高级企业家代表团的谈话,乍看起来与1979年的谈话类似,其实邓小平的思想已经取得了长足的进步。一方面,邓小平已经指出计划经济会束缚生产力发展的弊端;另一方面,邓小平已经明确地肯定了市场经济在实践中促进生产发展的作用。在这两点的基础上,邓小平逐步点明"社会主义与市场经济不存在根本矛盾"。需要说明的是,邓小平提出"不存在根本矛盾"的论断,是有其针对性的。实际上,伴随着经济体制改革,国内出现了少数贪污腐败和滥用职权的现象,以致有人怀疑,这是由于社会主义和市场经济之间存在"潜在的、难以解决的矛盾"。要知道,此时中央肯定商品经济刚满一年,国内还没有出现选择市场经济的声势。然而,面对一些新生的负面现象,面对外界的质疑和猜测,邓小平非但没有"收",反而进一步地"放",明确表明了对市场经济的态度。可见,邓小平在此时已经对市场经济抱有巨大的信心。

已经解决了是否存在根本矛盾的问题，下一步就要解决社会主义与市场经济如何相统一的问题。为解决这个问题，邓小平在党的十三大准备过程中，深刻阐述了计划、市场与社会主义的关系。那是1987年2月6日，邓小平在其住地同中央领导同志谈十三大的筹备和十三大报告的起草："为什么一谈市场就说是资本主义，只有计划才是社会主义呢？计划和市场都是方法嘛。只要对发展生产力有好处，就可以利用。它为社会主义服务，就是社会主义的；为资本主义服务，就是资本主义的。好像一谈计划就是社会主义，这也是不对的，日本就有一个企划厅嘛，美国也有计划嘛。我们以前是学苏联的，搞计划经济。后来又讲计划经济为主，现在不要再讲这个了。"这实际上取消了计划经济作为主体的基本制度。并且，谈话使用全新的提法，排除了社会主义与市场经济之间的最后一道理论障碍。

依照邓小平的决策，党的十三大报告不再提"计划经济为主"，甚至在一些关键的措辞上，用"社会主义经济"一词替代了原来常用的"社会主义计划经济"。党的十三大报告的全新表述是：社会主义经济是公有制基础上的商品经济；新的经济运行机制，总体上来说应当是"国家调节市场，市场引导企业"的机制。

很显然，党的十三大报告向全国人民展现的国家新的经济发展方向，是以"市场"为主体的，这正是源于邓小平的决策。不过，这与社会主义市场经济，尚有一步之遥。而要迈出这一步，绝非易事。邓小平的工作，远未结束。

社会主义市场经济要在中国扎根，每一步都面临巨大的阻力和挑战，每一天都经受着广泛的质疑和攻击。在一次次危机之中，中国的领导层经受住了考验。这其中，邓小平更是发挥了定海神针的作用。这里仅举两例，即1988年的经济危机和1989年的政治危机。

1988年，中国因为价格"闯关"失败遭遇了严重的经济危机。在这种严峻局面下，全国上下对于市场经济的未来存在悲观情绪，质疑的声音再次甚嚣尘上。关键时刻，邓小平挺身而出。9月12日，他与中央领导同志谈话，其中并没有直接谈到计划和市场的关系问题，但是却坚定了开放、搞活市场的大方向，还强调要继续前进，确定了在新的市场条件下管理经济的新要求，甚至提出要"最终达到面向世界市场"的目标。这段谈话保证了中国刚刚起步的市场经济不至夭折，成果直接体现在随即召开的十三届三中全会上。在这次会议上，中央确定了治理经济环境，整顿经济秩序的方针，为中国90年代步入社会主义市场经济打下了基础。

到了1989年，中国遭遇了与1988年经济危机相关，又更为严重的政治危机。6月9日，政治风波刚刚平息，邓小平在那次重要的讲话中，首先就尖锐地提出："第一个问题，党的十一届三中全会制定的路线、方针、政策，包括我们发展战略的'三部曲'，正确不正确？是不是因为发生了这次动乱，我们制定的路线、方针、政策的正确性就发生问题？我们的目标是不是一个'左'的目标？是否还要继续用它作为我们今后奋斗的目标？""第二个问题，党的十三大概括的'一个中心、两个基本点'对不对？两个基本点，即四个坚持和改革开放，是不是错了？"这两个问题切中人心，确实是当时很多人头脑中的迷惑。对此，邓小平认为："这些大的问题，必须作出明确、肯定的回答。"他明确地说："应当说，我们所制定的战略目标，现在至少不能说是失败的。在六十一年后，一个十五亿人口的国家，达到中等发达国家的水平，是了不起的事情。实现这样一个目标，应该是能够做到的。不能因为这次事件的发生，就说我们的战略目标错了。""改革开放这个基本点错了没有？没有错。""四个坚持本身没有错"，"而是错在坚持得不够一贯"。在这一紧张时刻，邓小平却谈到了市场："我们要继续坚持计划经济与市场调节相结合，这个不能改。实际工作中，在调整时期，我们可以加强或者多一点计划性，而在另一个时候多一点市场调节，搞得更灵活一些。以后还是计划经济与市场调节相结合。重要的是，切不要把中国搞成一个关闭性的国家。"要知道，此时国内的政治动乱刚息，经济还处于治理整顿的阶段。而邓小平一句句的"没有错""不能改"，尤其是十三大确定的路线不能改，成为维持市场经济存续发展的强心剂。

时间步入 20 世纪 90 年代，度过危机的中国经济趋于稳定，但却徘徊不前，受到不利国际环境的影响，1990 年经济发展陷入低谷，经济增长率仅为 3.8%，甚至不如动荡的 1989 年（4.1%）。与此同时，在其本人的强烈要求下，邓小平离开了领导岗位，正式退休。停止工作的邓小平并没有停止思考，相反地，他从繁杂的具体事务中解放出来，开始运用 70 余年革命工作的经验和晚年精湛的思维，全力思考许多关乎中国前途命运的宏观问题，经济举步不前的问题自然最先进入他的视野。

而此时，关于改革究竟是以完善计划经济体系为导向还是以最后建立起市场经济体系为导向的争论再次陷入胶着。坚持"计划取向"的一派提出，"市场取向等于资本主义取向"，"市场化"是"资本主义和平演变"的一项主要内容。从 1990 年 7 月一直到 1991 年底，关于改革目标的取向，学术界经过激烈争论仍难达成一致，无法得出最终结论。

这时，邓小平再次发挥了重要的引导作用。1990 年 12 月 24 日，邓小平同新一代领导人江泽民等谈话："我们必须从理论上搞懂，资本主义与社会主义的区分不在于是计划还是市场这样的问题。社会主义也有市场经济，资本主义也有计划控制。""不要以为搞点市场经济就是资本主义道路，没有那么回事。计划和市场都得要。不搞市场，连世界上的信息都不知道，是自甘落后。"在具体政策层面，邓小平帮助中央确定了开发开放浦东的战略决策，重新为中国经济发展注入活力。多管齐下，中国经济终于再次起飞，1991 年，经济增长率迅速恢复到 9.2%。邓小平 1991 年初视察上海时又表示："不要以为，一说计划经济就是社会主义，一说市场经济就是资本主义，不是那么回事，两者都是手段，市场也可以为社会主义服务。"他从实践出发，已经完成了深刻的理论总结，社会主义市场经济的最终确立为时不远。

接下来，就是前述"南方谈话"中的突破，并很快在中央领导层达成共识。江泽民采用的"社会主义市场经济体制"的提法，邓小平在6月12日的住地谈话中表示赞成使用："实际上我们是在这样做，深圳就是社会主义市场经济。不搞市场经济，没有竞争，没有比较，连科学技术都发展不起来。产品总是落后，也影响到消费，影响到对外贸易和出口。"他还说："这样十四大也就有了一个主题了。"之后，他又审阅了党的十四大报告稿。

10月，党的十四大召开，邓小平是特邀代表。党的十四大报告指出："实践的发展和认识的深化，要求我们明确提出，我国经济体制改革的目标是建立社会主义市场经济体制，以利于进一步解放和发展生产力。"中国社会主义市场经济以此为标志最终确立。在确立的决定性阶段，邓小平的理论总结功不可没。

邓小平在中国社会主义市场经济确立的全过程中，发挥了不可替代的突出作用，为中国特色社会主义基本经济制度的建立作出了巨大贡献。通观全局，我们会发现，邓小平对于社会主义与市场经济的相互关系，不仅有着客观的认识过程，而且始终有其基本的、一贯的思路，这就是对社会主义的坚定信念，解放思想、实事求是的思想路线，从实践中来、到实践中去的方法论。而经济制度的最终确立与邓小平进行理论创新的巨大勇气，以及关键时刻清晰的判断力和敢于承担责任的政治魄力是分不开的。

作为一项全新的经济制度，社会主义市场经济还有很多未被我们认识的领域。如何对其进行发展和建设，邓小平在晚年也进行了更加深入的思考。

1993年9月16日，邓小平同前来看望的弟弟邓垦谈话。两位经验丰富的革命者探讨了一些重要的政治和理论问题。邓小平说："社会主义市场经济优越性在哪里？就在四个坚持。四个坚持集中表现在党的领导。这个问题可以敞开来说，我那个讲话没有什么输理的地方，没有什么见不得人的地方。"

邓小平提出"社会主义市场经济优越性""就在四个坚持"，这种思维方式超出了很多理论家的想象。这反映了邓小平晚年关于社会主义市场经济的一个重要观点：只有实现市场经济与社会主义基本制度的完美结合，才能体现社会主义市场经济真正的优越性。可以将其看作他对社会主义市场发展方向的一个原则性的规定。

见证总体小康实现

按照"三步走"的发展战略，到 2000 年，我们要实现现代化建设的第二步战略目标，也就是要从温饱走向小康。在我国小康社会建设进程中，"解决温饱问题是我国经济发展的一个重要阶段，由温饱达到小康是又一个重要发展阶段"。

党的十三届四中全会以后，受命于重大历史关头的以江泽民为核心的党的第三代中央领导集体，带领全国人民开创了社会主义现代化建设的新局面。如何带领全党全国人民顺利完成第二步发展战略，实现小康的目标，这是历史赋予第三代中央领导集体的神圣责任。进入 90 年代，我们越接近实现小康目标，就越需要对小康社会和小康水平作出更全面、更规范和更可操作的表述。

1990 年 12 月，党的十三届七中全会指出："人民生活逐步达到小康水平，是九十年代经济发展的重要目标。所谓小康水平，是指在温饱的基础上，生活质量进一步提高，达到丰衣足食。这个要求既包括物质生活的改善，也包括精神生活的充实；既包括居民个人消费水平的提高，也包括社会福利和劳动环境的改善。"

1991年3月，七届全国人大四次会议通过的《关于国民经济和社会发展十年规划和第八个五年计划纲要的报告》指出："今后十年总的目标，是努力使全国人民的生活达到小康水平。""我们所说的小康生活，是适应我国生产力发展水平，体现社会主义基本原则的。人民生活的提高，既包括物质生活的改善，也包括精神生活的充实；既包括居民个人消费水平的提高，也包括社会福利和劳动环境的改善。"

1991年，国家统计局和国家计委、财政部、卫生部、教育部等12个部门组成课题组，按照党中央、国务院正式提出的小康社会内涵，确定了16个基本监测指标和小康临界值。通过这样的清晰界定，90年代的小康社会建设就拥有了全面的可操作性。

考虑到我国经济发展很不平衡的特点，党中央提出："全国小康水平的实现，从地区和时间上，将是逐渐推进的。到二〇〇〇年，目前已经实现小康的少数地区，将进一步提高生活水平；温饱问题基本解决的多数地区，将普遍实现小康；现在尚未摆脱贫困的少数地区，将在温饱的基础上向小康前进。"

要确保按期实现小康目标，需要什么样的发展速度呢？据测算，90年代的10年间，国民生产总值年均增长5.7%，可确保实现翻两番。根据这个测算，并且考虑到自1988年开始的经济治理整顿的实际情况，中央在1990年底提出，今后10年国民生产总值平均每年增长6%左右。

以1992年邓小平"南方谈话"和党的十四大为标志，我国的小康社会建设进入了一个新阶段。全国各个城市和地区的改革开放和小康社会建设迅速掀起高潮，开始快速发展。

社会主义市场经济体制建立起来，资源配置方式实现了由计划向市场的根本转变。1992年前，国家计划分配的物资有791种，几年之后，绝大部分生产资料已经进入市场流通。单一的公有制传统经济结构也实现突破，以公有制为主体，国有、集体、私营、个体、外资经济等共同发展的经济格局基本奠定。国有经济和集体经济在 1978 年分别占国内生产总值的 56% 和 43%，个体、私营经济和港、澳、台、外商直接投资仅占 1%。到 1996 年，国有经济和集体经济占国内生产总值的比重分别下降到 40.8% 和 35.2%，个体、私营经济和港、澳、台、外商直接投资上升到 24%。同时，公有制经济虽然在比重上下降了，但整体素质比过去有所提高，特别是 1994 年底开始的国有企业建立现代企业制度的改革取得明显成效，公有制经济的主体地位显著增强。

对外开放的步伐加大，全方位对外开放格局形成。党中央制定《关于加快改革、扩大开放、力争经济更好更快地上一个新台阶的意见》，提出了一系列进一步加快改革和扩大开放的新政策。从 1992 年初到 8 月，先后新开放了 5 个沿江城市，18 个省会城市，13 个沿边城市，34 个开放口岸，"经济特区—沿海开放城市—沿海经济开放区—沿江、沿边和内地"这样一个由南到北、由东到西、由外向内、由沿海向内地、由点到面、逐步推进、全面展开的对外开放格局逐渐形成。在这样的大好形势下，大量外资涌入中国，投资的国家和地区在半年多的时间内就增加了 20 个。深圳、珠海、汕头、厦门特区 1993 年的国内生产总值比 1979 年增长约 50 倍，工业生产总值增长约 40 倍。海南 1993 年与 1987 年相比，GDP 增长约 2 倍，工业生产总值增长约 3 倍，财政收入增长约 5 倍，外贸出口增长近 9 倍。上海浦东新区 1993 年的财政收入比 1992 年增长 70%，外资引进翻一番，超过前三年累计引进外资项目总和。

国家的整体改革不断向广拓展，向深挺进。科技体制、金融、政府职能等方面的调整改革也顺次展开，改革开放的浪潮风起云涌。卓有成效的改革开放保证了我国经济的快速发展，1993 年，我国国内生产总值达到 35524 亿元，首次突破三万亿元大关，比上年增长 13.9%，一些重要产品的产量大幅增加，企业技术改造和产品结构调整加快，农业获得丰收，粮食总产量 4565 亿公斤，达到历史最高水平。重点工程建设加速，京九、南昆等重要铁路干线建设进展顺利，高等级公路和重点港口建设加快，邮电通信状况迅速改善，扣除物价上涨因素，全国城镇居民人均可支配收入比上年增长 9.5%，农村居民人均纯收入增长 3.2%，城乡居民存款总额在年末达到 15204 亿元，比上年增长 29%。

1992 年 10 月，江泽民在党的十四大报告中提出："九十年代我国经济的发展速度，原定为国民生产总值平均每年增长百分之六，现在从国际国内形势的发展情况来看，可以更快一些。根据初步测算，增长百分之八到九是可能的，我们应该向这个目标前进。在提高质量、优化结构、增进效益的基础上努力实现这样的发展速度，到本世纪末我国国民经济整体素质和综合国力将迈上一个新的台阶。国民生产总值将超过原定比一九八〇年翻两番的要求。""人民生活由温饱进入小康。"他建议国务院对"八五"计划作出必要的调整，并着手研究制定"九五"计划。

1993 年 3 月，党的十四届二中全会对"八五"期间的经济增长速度、产业结构、利用外资、进出口贸易、投资规模等指标提出了调整意见。关于"八五"期间国民经济平均每年的增长速度，综合考虑各种因素，由原计划的 6% 调整为 8%—9%。

邓小平提出的"抓住机遇，加快发展"，是 90 年代抓经济工作的基本指导思想。随着建立社会主义市场经济体制的各项改革的推行和对外开放不断取得新进展，整个国民经济始终保持了较高速度的增长。"八五"期间，国民生产总值年均增长 12%。1995 年，国民生产总值达到 5.76 万亿元，提前五年实现了国民生产总值比 1980 年翻两番的目标。

实现总量翻两番之后，党中央又及时提出了人均产值翻两番的更高要求。1995 年 9 月，党的十四届五中全会审议并通过《关于制定国民经济和社会发展"九五"计划和 2010 年远景目标的建议》，对到 20 世

上篇　指引建设小康社会

纪末实现小康目标的战略作了进一步调整，将"九五"国民经济和社会发展的主要奋斗目标确定为：全面完成现代化建设的第二步战略部署，2000年，在我国人口将比1980年增长三亿左右的情况下，实现人均国

数说小康。

民生产总值比 1980 年翻两番;基本消除贫困现象,人民生活达到小康水平;加快现代企业制度建设,初步建立社会主义市场经济体制。

更高的目标激发了全社会完成实现小康目标的积极性。1995 年国民生产总值比上年增长 10.5%,1996 年增长 9.6%,1997 年增长 8.8%。1997 年,我国国内生产总值达到 74772 亿元,提前三年实现了人均国民生产总值比 1980 年翻两番的目标。

1997 年 2 月 19 日,邓小平逝世。9 月,党的十五大首次使用了"邓小平理论"的科学概念,并将其确定为党的指导思想,同时郑重宣布:"现在完全可以有把握地说,我们党在改革开放初期提出的本世纪末达到小康的目标,能够如期实现。"

下篇 指引推进共同富裕

第7章 提出共同富裕的重大命题

第8章 通过农业改革推动城乡共同富裕

第9章 通过协同发展推进区域共同富裕

第10章 通过税收制度改革推进人民群体共同富裕

第 7 章
提出共同富裕的重大命题

共同富裕的历史课题

2021年8月17日,中共中央总书记、国家主席、中央军委主席、中央财经委员会主任习近平主持召开中央财经委员会第十次会议,研究扎实促进共同富裕问题。会议指出,改革开放后,我们党深刻总结正反两方面历史经验,认识到贫穷不是社会主义,打破传统体制束缚,允许一部分人、一部分地区先富起来,推动解放和发展社会生产力。我们正在向第二个百年奋斗目标迈进,适应我国社会主要矛盾的变化,更好满足人民日益增长的美好生活需要,必须把促进全体人民共同富裕作为为人民谋幸福的着力点,不断夯实党长期执政基础。

在全面小康社会建成的今天,共同富裕已经成为全体社会成员的共同愿望。但是,共同富裕并不是能够自然产生的,需要卓越的智慧与艰辛的努力。事实上,共同富裕是人类历史上尚未出现的社会状态,在古今中外都没有真正合适的样板可资借鉴。

中华文明在古代曾经达到世界之巅,农耕文明长期居于世界领先水平。汉代时,我国人口就超过6000万,垦地超过八亿亩。唐代长安城面积超过80平方公里,人口超过100万,宫殿金碧辉煌,佛寺宝塔高耸,东西两市十分繁荣。诗人岑参就有"长安城中百万家"的诗句。北宋时，国家税收峰值达到 1.6 亿贯，是当时世界上最富裕的国家。那个时候，伦敦、巴黎、威尼斯、佛罗伦萨的人口都不足 10 万，而我国拥有 10 万人口以上的城市近 50 座。根据国内外学者的研究成果，当时中国的 GDP 占全世界的比重很高。而且，中国政治哲学中的民生、民本思想也比较发达。但是，客观地说，中国从来不是一个非常平衡的、小差异的社会。即使在盛唐时期，古诗中也描绘出"朱门酒肉臭，路有冻死骨"的景象，国力衰弱时期则更不必说。而在 20 世纪中期的计划经济时期，确实社会成员之间的贫富差距比较小，但并不是完全没有，尤其是城镇居民和农村居民之间的差距是广泛存在的。更重要的是，这一时期社会成员之间的政治地位差距非常大，由此产生的社会地位和处境差距十分明显。而在世界范围内，无论是曾经辉煌的社会主义国家苏联，还是西方发达资本主义国家，虽然具备一些可资借鉴的抑制贫富差距的政策措施，但从整体来看，都没有实现共同富裕。当今西方社会，虽然占据领先地位，但依然是一个贫富差距巨大的阶级社会。所以，共同富裕是一个超越现存社会的伟大目标。

马克思指出："问题就是公开的、无畏的、左右一切个人的时代声音。问题就是时代的口号，是它表现自己精神状态的最实际的呼声。"共同富裕的问题是邓小平提出的，如他所说："共同致富，我们从改革一开始就讲，将来总有一天要成为中心课题。社会主义不是少数人富起来、大多数人穷，不是那个样子。社会主义最大的优越性就是共同富裕，这是体现社会主义本质的一个东西。如果搞两极分化，情况就不同了，民族矛盾、区域间矛盾、阶级矛盾都会发展，相应地中央和地方的矛盾也会发展，就可能出乱子。"也是他较早地发现："我们讲要防止两极分化，实际上两极分化自然出现。""少部分人获得那么多财富，大多数人没有，这样发展下去总有一天会出问题。分配不公，会导致两极分化，到一定时候问题就会出来。这个问题要解决。""十二亿人口怎样实现富裕，富裕起来以后财富怎样分配,这都是大问题。题目已经出来了,解决这个问题比解决发展起来的问题还困难。"共同富裕是一个正在不断发展不断深入的前沿课题,由于其重要的现实意义,共同富裕不论在实践上还是理论上都是开放的。

中国共产党在成立之初,就产生了共同富裕的思想元素,如1923年11月,李大钊指出,"社会主义是要富的,不是要穷的,是整理生产的,不是破坏生产的","是使生产品为有计划的增殖,为极公平的分配"。1955年10月,毛泽东指出:"现在我们实行这么一种制度,这么一种计划,是可以一年一年走向更富更强的,一年一年可以看到更富更强些。而这个富,是共同的富,这个强,是共同的强,大家都有份。"但这些思想元素与后来形成的真正的共同富裕思想存在本质差异。共同富裕思想的最初提出,以1978年底邓小平《解放思想,实事求是,团结一致向前看》的讲话为标志。此时,邓小平提出了"允许先富"思想。他提出"允许先富",首先是为了反对积弊甚久的平均主义倾向,其宗旨则是以"先富"带"后富"。

早在1954年邓小平就指出,"看来,有些共产党员的头脑里平均主义思想还不少","我们不能讲平均主义"。1975年根据他的意见起草的《关于加快工业发展的若干问题》(讨论稿)也明确提出:"平均主义不仅现在不行,将来也是行不通的。"关于这一点,邓小平的认识很深刻:首先最重要的,"任何革命都是扫除生产力发展的障碍。社会主义总要比资本主义优越。社会主义国家应该使经济发展得比较快,人民生活逐渐好起来,国家也就相应地更加强盛一些"。

而在社会主义阶段,"必须实行按劳分配,必须把国家、集体和个人利益结合起来,才能调动积极性,才能发展社会主义的生产"。要重新恢复按劳分配原则,就"应该有适当的物质鼓励,少劳少得,多劳多得"。"总的是为了一个目的,就是鼓励大家上进。"这一时期,人们的收入差距普遍不大，邓小平的相关思考也是初步的。

在《解放思想，实事求是，团结一致向前看》的讲话中，邓小平提出："在经济政策上，我认为要允许一部分地区、一部分企业、一部分工人农民，由于辛勤努力成绩大而收入先多一些，生活先好起来。一部分人生活先好起来，就必然产生极大的示范力量，影响左邻右舍，带动其他地区、其他单位的人们向他们学习。这样，就会使整个国民经济不断地波浪式地向前发展，使全国各族人民都能比较快地富裕起来。"字里行间的含义是十分明确的，就是以"允许先富"为手段，目标是"使全国各族人民都能比较快地富裕起来"。

与此同时，邓小平还在进行着另一项非常重要的思考，这就是社会主义与市场经济的关系问题。1979年11月26日，邓小平在与外宾谈话中提出"社会主义也可以搞市场经济"。同时他还谈道："社会主义特征是搞集体富裕，它不产生剥削阶级。"可以看出，邓小平关于共同富裕的思考从一开始就是与市场经济问题相联系的。以后的历史证明，邓小平关于这两个重大理论问题的思考不是相互隔离的，而是相辅相成的。另外还可以看到，邓小平关于实现共同富裕的思考，从一开始就包含了对"产生剥削阶级"的警惕，这与之后"消除两极分化"的观点有重要的联系。

在1978年底历史转折时的"改革开放的第一个宣言书"（《解放思想，实事求是，团结一致向前看》）中，邓小平"使全国各族人民都能比较快地富裕起来"的表述已经比较准确地表达了"共同富裕"的目标，"允许先富"思想又说明了实现这一目标的手段。他还专门谈到了"在西北、西南和其他一些地区，那里的生产和群众生活还很困难，国家应当从各方面给以帮助，特别要从物质上给以有力的支持"。在论述以"共同富裕"为目标的"允许先富"之后，邓小平特别指出："这是一个大政策，一个能够影响和带动整个国民经济的政策。"由此，这一思想迅速为人

> 指引 　从小康到共同富裕

们所知晓，并在实践中产生了积极成效。

邓小平第一次正式提出"共同富裕"的概念是在 1984 年 11 月 9 日。他在会见来自意大利的外宾时指出："我们党已经决定国家和先进地区共同帮助落后地区。在社会主义制度下，可以让一部分地区先富裕起来，然后带动其他地区共同富裕。在这个过程中，可以避免出现两极分化（所谓两极分化就是出现新资产阶级），但这不是要搞平均主义。经济发展起来后，当一部分人很富的时候，国家有能力采取调节分配的措施。"

邓小平在提出这一概念时，主要还是着眼于解决区域差异的问题。他设定了"在社会主义制度下"的前提，明确了"让一部分地区先富裕起来"的主要内容，提出了"带动其他地区共同富裕"的目标。他还指出了实现"共同富裕"的两大障碍："两极分化"与"平均主义"。

从邓小平提出"共同富裕"时的语境可以看到，他在这段话之前谈的是："关于经济体制改革，这实际上是一场革命。它是不是正确？归根到底是看生产力能不能得到发展，人民的生活能不能得到提高。只要这条得到证实，谁也不能说我们关于经济体制改革的决定是胡思乱想。为什么现在我们党通过了这一决定？近几年来，我们在农村进行了改革，百分之九十的农民生活有了很大的提高。"因此，"共同富裕"的目标，最初就是为改革设定的。而这一理论创新也确是在我国 20 世纪 70 年代末到 80 年代中期的改革实践基础上完成的。这一阶段，以农村改革和经济特区为主要内容的改革开放已经取得了显著的成效。

一方面，1979 年以后，已经在占全国人口 80% 的农村地区推行的家庭联产承包责任制以及在经济特区、沿海开放城市率先进行的经济体制改革，逐步打破了来自传统的平均主义的严重束缚，充分调动了群众的生产积极性、主动性和创造性。这一改变不仅促进了生产力的大解放，实现了国家经济的高速发展，更提高了全国绝大多数人民的生活水平。

这一成功实践更进一步证明了邓小平的两个主张是正确的：其一是"允许一部分人先富起来"是实现"共同富裕"的好办法，邓小平多次表明："我的一贯主张是，让一部分人、一部分地区先富起来，大原则是共同富裕。一部分地区发展快一点，带动大部分地区，这是加速发展、达到共同富裕的捷径。"其二是这个好办法可以并且应当从农村走向城市，从沿海走向内地，这是20世纪80年代中期全面改革的重要内容。他还说过："农村、城市都要允许一部分人先富裕起来，勤劳致富是正当的。一部分人先富裕起来，一部分地区先富裕起来，是大家都拥护的新办法。"1984年《中共中央关于经济体制改革的决定》首次以党中央文件的形式正式提出："只有允许和鼓励一部分地区、一部分企业和一部分人依靠勤奋劳动先富起来，才能对大多数人产生强烈的吸引和鼓舞作用，并带动越来越多的人一浪接一浪地走向富裕。"

另一方面，在确定整体发展方向的同时，邓小平也敏锐地察觉到"避免两极分化"的重要性。还在改革的初期，1981年12月，他就有预见性地提出："坚持社会主义制度，始终要注意避免两极分化。"到20世纪80年代中后期，我国逐渐告别计划经济体制，这时社会上产生的一定程度的收入差距，引起了激烈争论。这是否会造成"两极分化"？是否会影响社会主义现代化事业的大局？甚至是否会改变我国的社会性质？邓小平对这个问题的考虑是十分慎重的。他认为："如果导致两极分化，改革就算失败了。"那么，邓小平是如何定义"两极分化"的呢？

邓小平在提出共同富裕思想之初，即已提醒人们要警惕"产生剥削阶级"，他关于"避免两极分化"问题的思考，实际延续了这一思路。邓小平在正式提出"共同富裕"概念的同时，也给"两极分化"做了明确界定："所谓两极分化就是出现新资产阶级。"具体说来，有以下几层意思：

强调实现共同富裕，防止两极分化，是为了坚持社会主义，确保改革开放的正确方向。 邓小平推进改革的思考与实践，始终处于复杂的社会环境中，面对的是多方面的挑战。随着改革开放逐渐深入，中国要沿着正确道路前进，既要克服旧体制习惯力量的阻碍，也要排除西方思潮的干扰。他的态度十分鲜明："如果走资本主义道路，可以使中国百分之几的人富裕起来，但是绝对解决不了百分之九十几的人生活富裕的问题。"我们"坚持社会主义，不走资本主义的邪路。社会主义与资本主义不同的特点就是共同富裕，不搞两极分化"。

站在宏观的角度，观察收入差距是局限于个别现象，还是可能影响阶级关系。 他多次谈道："会不会产生新的资产阶级？个别资产阶级分子可能会出现，但不会形成一个资产阶级。""创造的财富，第一归国家，第二归人民，不会产生新的资产阶级。"邓小平反复强调公有制的重要性："我们吸收外资，允许个体经济发展，不会影响以公有制经济为主体这一基本点。相反地，吸收外资也好，允许个体经济的存在和发展也好，归根到底，是要更有力地发展生产力，加强公有制经济。只要我国经济中公有制占主体地位，就可以避免两极分化。"

将"两极分化"定义为"富的越富，贫的越贫"。 1986年，邓小平接受美国记者华莱士的电视采访，面对全世界观众表示："我们的政策是不使社会导致两极分化，就是说，不会导致富的越富，贫的越贫。"在绝大多数人民的生活水平都得以提高的情况下，尽管存在一定差距，但并不一定会导致"两极分化"。

防止"两极分化"要依靠社会主义制度和国家力量。 在1984年提出"共同富裕"的谈话中邓小平已表示："我们党已经决定国家和先进地区共同帮助落后地区。""经济发展起来后，当一部分人很富的时候，国家有能力采取调节分配的措施。"正是由于"我们社会主义的国家机器是强有力的。一旦发现偏离社会主义方向的情况，国家机器就会出面

下篇　指引推进共同富裕

【百姓相册】1984年，叶根土的大儿子叶兴富一家。（徐永辉 摄影）

干预，把它纠正过来"，邓小平相信，"我们的社会主义政策和国家机器有力量去克服这些东西"。

总的来看，邓小平此阶段的思考中，实现共同富裕、避免两极分化的方式是"推动社会主义社会生产力发展，使人民生活逐步好起来"，"不允许产生剥削阶级，也不赞成平均主义"。尽管相信一定程度的收入差距不会影响大局，但邓小平对此还是始终保持高度重视和警惕，他关于共同富裕的思考还在继续深入。

第 7 章　提出共同富裕的重大命题

实现共同富裕的设想

根据改革的丰富实践，以及中国社会快速发展变化的实际情况，邓小平对共同富裕问题进行了进一步的理论思考，并于20世纪80年代末90年代初逐步提出关于共同富裕问题的最终设想。

正式提出共同富裕是社会主义的本质要求，明确了其理论地位。1990年12月24日，邓小平在同江泽民等中央负责同志谈话时指出："共同致富，我们从改革一开始就讲，将来总有一天要成为中心课题。社会主义不是少数人富起来、大多数人穷，不是那个样子。社会主义最大的优越性就是共同富裕，这是体现社会主义本质的一个东西。如果搞两极分化，情况就不同了，民族矛盾、区域间矛盾、阶级矛盾都会发展，相应地中央和地方的矛盾也会发展，就可能出乱子。"在这次谈话中，邓小平第一次指明："共同富裕"正是"体现社会主义本质的一个东西"。就在这一年，他还在另一个场合谈道："社会主义的一个含义就是共同富裕。"

以1992年邓小平"南方谈话"为标志，邓小平共同富裕思想正式形成。邓小平的这些思考，与他在南方的所见所闻有关。

1992年1月21日上午，邓小平参观深圳市华侨城的中国民俗文化村和锦绣中华微缩景区，观看了歌舞表演，还专门在"布达拉宫"微缩景点前和家人合影留念。他不无遗憾地说："全国我就这个地方没去过。"在回宾馆的途中，邓小平听取了关于深圳支援相对落后地区情况的汇报，他表示赞成深圳每年按固定比例从财政划出一部分资金作为贫困地区开发"造血"型项目的基金的做法。或许是这一汇报拨动了邓小平的心绪，或许还有锦绣中华景色的触动，邓小平阐发了他长期以来关于共同富裕问题的思考。经过整理后，这段讲话成为"南方谈话"正式版本中的重要内容：

"走社会主义道路，就是要逐步实现共同富裕。共同富裕的构想是这样提出的：一部分地区有条件先发展起来，一部分地区发展慢点，先发展起来的地区带动后发展的地区，最终达到共同富裕。如果富的愈来愈富，穷的愈来愈穷，两极分化就会产生，而社会主义制度就应该而且能够避免两极分化。解决的办法之一，就是先富起来的地区多交点利税，支持贫困地区的发展。当然，太早这样办也不行，现在不能削弱发达地区的活力，也不能鼓励吃'大锅饭'。什么时候突出地提出和解决这个问题，在什么基础上提出和解决这个问题，要研究。可以设想，在本世纪末达到小康水平的时候，就要突出地提出和解决这个问题。到那个时候，发达地区要继续发展，并通过多交利税和技术转让等方式大力支持不发达地区。不发达地区又大都是拥有丰富资源的地区，发展潜力是很大的。总之，就全国范围来说，我们一定能够逐步顺利解决沿海同内地贫富差距的问题。"

共同富裕成为社会主义本质的落脚点，标志着邓小平共同富裕思想的形成。

关于实现共同富裕的途径和具体措施，邓小平提出了一系列设想。到此阶段，邓小平已经不再从阶级关系而主要从分配角度考虑"消除两极分化"问题，所以总的方向是调节分配。他说："中国发展到一定的程度后，一定要考虑分配问题。""到本世纪末就应该考虑这个问题了。我们的政策应该是既不能鼓励懒汉，又不能造成打'内仗'。""十二亿人口怎样实现富裕，富裕起来以后财富怎样分配，这都是大问题。题目已经出来了，解决这个问题比解决发展起来的问题还困难。"具体来说，主要包括逐步消除区域差别和群体差别两个方面。

在消除区域差别方面，邓小平曾经回顾："共同富裕的构想是这样提出的：一部分地区有条件先发展起来，一部分地区发展慢点，先发展起来的地区带动后发展的地区，最终达到共同富裕。"这实际就是"两个大局"的战略:"我们的发展规划,第一步,让沿海地区先发展;第二步,沿海地区帮助内地发展,达到共同富裕。"他也提出了一些具体措施:"可以由沿海一个省包内地一个省或两个省,也不要一下子负担太重,开始时可以做某些技术转让。""先富起来的地区多交点利税,支持贫困地区的发展。"

在消除群体差别方面,邓小平思考过通过税收进行调节和引导的途径,他说:"要调节分配,调节税要管这个。""对一部分先富裕起来的个人,也要有一些限制,例如,征收所得税。还有,提倡有的人富裕起来以后,自愿拿出钱来办教育、修路。当然,决不能搞摊派,现在也不宜过多宣传这样的例子,但是应该鼓励。"税收制度改革的实践,自然不是邓小平共同富裕思想最主要的来源和落脚点,但无疑邓小平将其视作推进共同富裕的重要抓手。

邓小平将共同富裕作为一个需要解决的重要问题提出来,并认为,这是发展到一定阶段就必然要出现的新问题。如他所说:"共同致富,我们从改革一开始就讲。"在领导改革开放的实践中,邓小平不断观察实际情况最新的发展变化,他的认识随之不断发展,实际上关于两极分化的危险,他也认识得越来越深刻:"我们讲要防止两极分化,实际上两极分化自然出现。""少部分人获得那么多财富,大多数人没有,这样发展下去总有一天会出问题。分配不公,会导致两极分化,到一定时候问题就会出来。这个问题要解决。"

在改革中,既要克服绝对平均主义的僵化思想,又要同时一步到位完全协调地解决全体社会成员的分配问题,并不现实。改革的目标需要分阶段、有步骤地完成。邓小平认为:"我们是允许存在差别的。像过去那样搞平均主义,也发展不了经济。但是,经济发展到一定程度,必须搞共同富裕。"所以,他一直在思考:"要利用各种手段、各种方法、各种方案来解决这些问题。"他设想了一些实现途径和具体措施,并在

下篇 指引推进共同富裕

【百姓相册】1994年,乡镇干部得知叶根土的妻子高阿二过七十大寿,特地赶来向她祝寿。(徐永辉 摄影)

实践中取得了良好成效,比如在消除区域差别方面。不过,共同富裕是一个宏观而复杂的深层次问题,涉及整个社会最广泛的生产与分配,其实现除了需要发达的社会生产力,还需要一个更加完善的社会管理制度。因此,邓小平晚年特别强调通过完善制度来消除两极分化,实现共同富裕。

共同富裕思想的发展

邓小平将"消除两极分化,最终实现共同富裕"纳入"社会主义本质"的范畴,既标志着共同富裕思想的正式形成,又预示着新一轮探索的开始。在我国此后 20 多年波澜壮阔的发展历程中，共同富裕思想得到了有力的继承与不断的发展。其中，最重要的理论成果是共享发展理念的形成；共同富裕也构成共享发展理念最核心的命题。

20 多年来，共同富裕始终是党中央高度重视的问题。江泽民强调："实现共同富裕是社会主义的根本原则和本质特征，绝不能动摇。"胡锦涛认为："消除贫困、改善民生、实现共同富裕，是社会主义的本质要求，是改革开放和社会主义现代化建设的重大任务，是全党全国各族人民始终不渝的奋斗目标。"习近平总书记指出："共同富裕，是马克思主义的一个基本目标，也是自古以来我国人民的一个基本理想。"

1992 年，党的十四大对如何在提高效率的前提下更好地实现社会公平作出规划："兼顾效率与公平。运用包括市场在内的各种调节手段，既鼓励先进，促进效率，合理拉开收入差距，又防止两极分化，逐步实现共同富裕。"1993 年，十四届三中全会通过的《中共中央关于建立社会主义市场经济体制若干问题的决定》，对效率与公平问题进一步阐述道："坚持鼓励一部分地区一部分人通过诚实劳动和合法经营先富起来的政策，提倡先富带动和帮助后富，逐步实现共同富裕。"对共同富裕问题江泽民进行了深入思考，他认为："一些发展中国家的经验证明，社会成员之间、地区之间贫富差距过大，就会引发民族矛盾、地区矛盾、阶级矛盾以及中央和地方的矛盾，就会出大乱子。因此，收入分配差距和地区差距扩大的问题，必须引起我们高度重视。"在党的十六大报告中谈及全面贯彻"三个代表"重要思想时，江泽民指出："制定和贯彻党的方针政策，基本着眼点是要代表最广大人民的根本利益，正确反映和兼顾不同方面群众的利益，使全体人民朝着共同富裕的方向稳步前进。"

2003 年，胡锦涛提出科学发展观，核心是"以人为本"，要求"走共同富裕道路，促进人的全面发展，做到发展为了人民、发展依靠人民、发展成果由人民共享"。十六届四中全会正式提出"构建社会主义和谐

下篇　指引推进共同富裕

【百姓相册】2004年，高阿二八十大寿时的全家福。（徐永辉 摄影）

【百姓相册】2005年，叶根土的外孙夫妇二人在采瓜。（徐永辉 摄影）

第7章　提出共同富裕的重大命题

指引 从小康到共同富裕

2012年11月8日,党的十八大隆重开幕。

社会"。2005年,在中共中央政治局第二十次集体学习时,胡锦涛指出:建设社会主义和谐社会,要"善于正确反映和兼顾不同方面的利益,努力使全体人民共享改革发展的成果,朝着共同富裕的方向不断前进"。科学发展观第一要义是发展,提出"在促进发展的同时,把维护社会公平放到更加突出的位置",要求"综合运用多种手段","使全体人民朝着共同富裕的方向稳步前进"。胡锦涛在党的十八大报告中提出:"必须坚持走共同富裕道路。共同富裕是中国特色社会主义的根本原则。"

党的十八大以来,习近平总书记提出的"中国梦",也与共同富裕密切相关。"中国梦"是一种价值取向,它的价值主体具有人民性,"人民幸福"是其重要内容。中国梦的最终目标,是实现人的全面发展、全体人民共同富裕。十八届五中全会正式提出"创新、协调、绿色、开放、共享的发展理念"。五大发展理念中,共享发展理念首次上升为发展战略的指导思想。习近平总书记曾明确指出其与共同富裕之间的关系:"共享理念实质就是坚持以人民为中心的发展思想,体现的是逐步实现共同富裕的要求。""要根据现有条件把能做的事情尽量做起来,积小胜为大胜,不断朝着全体人民共同富裕的目标前进。"共同富裕构成共享发展理念最核心的命题,在当前的实践中,贯彻落实共享发展理念与不断推进共同富裕的实现是完全一致的。2017年,党的十九大报告第一次把全体人民共同富裕的社会主义本质外化为具体奋斗目标,并安排了进度表、设定了路线图,这是党中央关于共同富裕思想的最新阐释,对新时代中国特色社会主义的全面推进具有重大指导意义。而关于社会主要矛盾转换的认识,从根本上也要求我们着力解决发展不平衡不充分的问题,不断促进人的全面发展、逐步实现全体人民共同富裕。

党的十八大以来,党中央把逐步实现全体人民共同富裕摆在更加重要的位置上,采取有力措施保障和改善民生,打赢脱贫攻坚战,全面建成小康社会,为促进共同富裕创造了良好条件。

2021年全面建成小康社会之时,习近平总书记在7月1日庆祝中国共产党成立100周年大会上强调指出:"以史为鉴、开创未来,必须团结带领中国人民不断为美好生活而奋斗。""新的征程上,我们必须紧紧依靠人民创造历史,坚持全心全意为人民服务的根本宗旨,站稳人民立场,贯彻党的群众路线,尊重人民首创精神,践行以人民为中心的发展思想,发展全过程人民民主,维护社会公平正义,着力解决发展不平衡不充分问题和人民群众急难愁盼问题,推动人的全面发展、全体人民共同富裕取得更为明显的实质性进展!"8月17日,习近平主持召开

> **指引** 从小康到共同富裕

中央财经委员会第十次会议,会议强调:"共同富裕是全体人民的富裕,是人民群众物质生活和精神生活都富裕,不是少数人的富裕,也不是整齐划一的平均主义,要分阶段促进共同富裕。要鼓励勤劳创新致富,坚持在发展中保障和改善民生,为人民提高受教育程度、增强发展能力创造更加普惠公平的条件,畅通向上流动通道,给更多人创造致富机会,形成人人参与的发展环境。要坚持基本经济制度,立足社会主义初级阶段,坚持'两个毫不动摇',坚持公有制为主体、多种所有制经济共同发展,允许一部分人先富起来,先富带后富、帮后富,重点鼓励辛勤劳动、合法经营、敢于创业的致富带头人。要尽力而为量力而行,建立科学的

公共政策体系，形成人人享有的合理分配格局，同时统筹需要和可能，把保障和改善民生建立在经济发展和财力可持续的基础之上，重点加强基础性、普惠性、兜底性民生保障建设。要坚持循序渐进，对共同富裕的长期性、艰巨性、复杂性有充分估计，鼓励各地因地制宜探索有效路径，总结经验，逐步推开。"这些表述代表着党中央关于共同富裕问题的最新认识，是新发展阶段崭新实践的有力指导。

共同富裕与小康的未来

相对于共产主义的最高理想，共同富裕这一社会主义目标既同样光明、伟大，又更加贴近现实，能够非常自然地在全体社会成员中达成共识，有利于凝聚各方面力量，不断克服现实中的困难，并且有比较扎实的生产力基础和越来越清晰的实现途径，是一个既需要经过艰苦奋斗，又能够实现的清晰目标。当前，我们全面建成小康社会，生产力发展的问题得到了初步解决，共同富裕已经成为全社会关注的焦点，人民群众普遍认为这是必须实现的目标，包括产生的许多过激言论，也从侧面证明这一思想的预见性和现实指导性。在全面建成小康社会的基础上，伴随着社会主义优越性的不断展现，如果我们能够跨越贫富差距的峡谷，就意味着中华文

2020年9月，四川省广安市武胜县飞龙镇隘口村乡村道路。

明达到了一个更高的发展水平，离实现共产主义更进了一步。

邓小平提出"先富带动后富"的观点，很多人认为这是不可能实现的，或者说已经失效，因为先富的人没有这种觉悟去"帮助"后富的人。一方面，这种看法是从范畴上对邓小平原本观点的一种曲解。首先，邓小平最早提出"带动"作用，主要指的是示范效应："一部分人生活先好起来，就必然产生极大的示范力量，影响左邻右舍，带动其他地区、其他单位的人们向他们学习。"这种带动作用今天当然存在，就表现在每个社会成员对实现富裕、进步的愿望，这依然是实现共同富裕的必要条件。只是从某种程度来说，在舆论娱乐化的今天，这种示范效应有些过于强烈了，需要加以引导。其次，邓小平关于"带动"作用的论述，主要着眼于沿海和内地、城市与农村的区域差异，包括资金、技术转移等，今天此类实践正在如火如荼地进行，取得了积极成效。最后，从宏观来看，"带动"作用是经济发展的一种内在规律。比如我国在改革开放之初缺乏资金、技术和经验等，也得到了世界的"带动"，实现了自身的发展甚至超越。客观地说，这不主要取决于国际友谊，而是资金寻找市场的内在驱动。另一方面，在实现"带动"作用——包括区域之间和群体之间——的具体方式上，邓小平虽然有一些设想，但还不成熟也不充分，这正是迫切需要我们沿着他的思路，开展新的研究和实践的巨大舞台。

小康建设与共同富裕是始终联系在一起的。在一定程度上实现共同富裕是小康建设的奋斗目标，共同富裕伴随小康中国前进的脚步逐步实现，全面建成小康社会是实现共同富裕的必经阶段。这种密不可分的联系在全面小康社会建成之后也不会有所改变，因为共同富裕是社会主义的本质属性，实现共同富裕是我们矢志不渝的现代化目标。全面建成小康社会的目标已经实现，中国人民在全面解决温饱问题的基础上，普遍过上了更加殷实的生活，全面建成小康社会标志着我国从中等收入国家向高收入国家发展迈出坚实步伐，由此也为到 21 世纪中叶"全体人民共同富裕基本实现"奠定了牢固基础。

新的征程已经开启，邓小平鲜明地提出，"达到小康水平的时候，就要突出地提出和解决"共同富裕这个问题。党的十九大宣布，中国特色社会主义进入新时代，并明确提出：这个时代是"逐步实现全体人民共同富裕的时代"，"我国社会主要矛盾是人民日益增长的美好生活需要和不平衡不充分的发展之间的矛盾，必须坚持以人民为中心的发展思想，不断促进人的全面发展、全体人民共同富裕"；到2035年，我们要实现"全体人民共同富裕迈出坚实步伐"；到21世纪中叶，我们要达到"全体人民共同富裕基本实现"。在全面建成小康社会的基础上，实现共同富裕是我们必须更加着力完成的使命。

第 8 章
通过农业改革推动城乡共同富裕

农民生活与共同富裕

中国特色社会主义进入新时代,其发展目标之一是逐步实现全体人民共同富裕。在党的十九大报告中,我们党历史上第一次把全体人民共同富裕的社会主义本质外化为具体奋斗目标,并安排了进度表、设定了路线图。也是在党的十九大,乡村振兴战略被提出,并写入党章。"小康不小康,关键看老乡。"党的十九大报告指出,我国"城乡区域发展和收入分配差距依然较大"。要实现全体人民共同富裕的目标,农村是重点和难点。要实现全体人民共同富裕的目标,自然要解决社会成员收入差距过大的问题。早在 1961 年,邓小平就在主持中共中央书记处会议时提出:"总之,政策要让农民富起来,让农民生活天天向上。"在改革开放启动阶段,邓小平鲜明地指出:"现在全国人口有九亿多,其中百分之八十是农民。""耕地少,人口多特别是农民多,这种情况不是很容易改变的。这就成为中国现代化建设必须考虑的特点。"这成为提出小康目标和共同富裕命题的重要思想基础。

邓小平曾经回顾:"对改革开放,一开始就有不同意见,这是正常的。不只是经济特区问题,更大的问题是农村改革,搞农村家庭联产承包,废除人民公社制度。开始的时候只有三分之一的省干起来,第二年超过三分之二,第三年才差不多全部跟上,这是就全国范围讲的。开始搞并不踊跃呀,好多人在看。"很长一段时间,全国农村改革的方向并不明朗,改革环境也比较紧张。

人类自诞生起,就依赖于土地;对于现代社会,农业依然是一切的基础,而土地问题始终是农业制度的核心。在人类发展史上,农民与土地关系的变化,其影响不仅局限于农村,更在一定程度上决定了整个社会的形态。我国农村改革,从调整农民和土地的关系开启;农村改革的内容是多方面的,但最重要、最根本的突破就是普遍实行了家庭联产承包责任制。"突破"是农村改革开启阶段最鲜明的特征。

家庭联产承包责任制是广大农民在党的十一届三中全会精神指引下逐步创造的。邓小平说:"我们改革开放的成功,不是靠本本,而是靠实践,靠实事求是。农村搞家庭联产承包,这个发明权是农民的。农村改革中的好多东西,都是基层创造出来,我们把它拿来加工提高作为全国的指导。"

围绕农村改革发生了激烈的政治思想交锋。1979年3月15日,《人民日报》发表了《"三级所有,队为基础"应当稳定》的文章,并加了编者按,反对农村改革。但不久后,《人民日报》又发表代表安徽省委反驳的《正确看待联系产量的责任制》,并承认之前编者按中某些提法不妥。到1980年争论仍在持续,在进与退的关键时刻,邓小平发话了。

5月31日,邓小平明确表态:"农村政策放宽以后,一些适宜搞包产到户的地方搞了包产到户,效果很好,变化很快。安徽肥西县绝大多数生产队搞了包产到户,增产幅度很大。'凤阳花鼓'中唱的那个凤阳县,绝大多数生产队搞了大包干,也是一年翻身,改变面貌。有的同志担心,这样搞会不会影响集体经济。我看这种担心是不必要的。我们总的方向是发展集体经济。实行包产到户的地方,经济的主体现在也还是生产队。这些地方将来会怎么样呢?可以肯定,只要生产发展了,农村的社会分工和商品经济发展了,低水平的集体化就会发展到高水平的集体化,集体经济不巩固的也会巩固起来。关键是发展生产力,要在这方面为集体化的进一步发展创造条件。具体说来,要实现以下四个条件:第一,机械化水平提高了(这是说广义的机械化,不限于耕种收割的机械化),在一定程度上实现了适合当地自然条件和经济情况的、受到人们欢迎的机械化。第二,管理水平提高了,积累了经验,有了一批具备相当管理能力的干部。第三,多种经营发展了,并随之而来成立了各种专业组或专业队,从而使农村的商品经济大大发展起来。第四,集体收入增加而且在整个收入中的比重提高了。具备了这四个条件,目前搞包产到户的地方,形式就会有发展变化。这种转变不是自上而下的,不是行政命令的,而是生产发展本身必然提出的要求。""现在农村工作中的主要问题还是思想不够解放。"这在"大包干"得到正式认可的过程中发挥了关键作用。

争论与阻力并未就此消失。9月,中央召开各省市区第一书记座谈会,只有安徽、贵州、辽宁三省负责人表态同意包干到户。也在这个月,中央印发的《关于进一步加强和完善农业生产责任制的几个问题》提出:"在生产队领导下实行的包产到户是依存于社会主义经济,而不会脱离社会主义轨道的,没有什么复辟资本主义的危险。"11月,《人民日报》发表《阳关道与独木桥——试谈包产到户的由来、利弊、性质和前景》,实质是为"包产到户""包干到户"正名,引起很大反响。1982年1月1日农村改革第一个中央一号文件指出:"目前实行的各种责任制,包括小段包工定额计酬,专业承包联产计酬,联产到劳,包产到户、到组,包干到户、到组等等,都是社会主义集体经济的生产责任制。"实际上这是第一次正式肯定大包干的社会主义性质。1983年中央一号文件又进一步明确联产承包责任制"是在党的领导下,我国农民的伟大创造",1984年首次提出"土地承包经营权15年不变",此后一直到1986年,中央连续发出关于农村改革的一号文件,争论才渐趋缓和。对这样的过程，邓小平一方面积极推动改革，另一方面保持高度的耐心，他认为："我们的政策就是允许看。允许看，比强制好得多。我们推行三中全会以来的路线、方针、政策，不搞强迫，不搞运动，愿意干就干，干多少是多少，这样慢慢就跟上来了。不搞争论，是我的一个发明。不争论，是为了争取时间干。一争论就复杂了，把时间都争掉了，什么也干不成。不争论，大胆地试，大胆地闯。农村改革是如此，城市改革也应如此。"我国农村改革没有搞"一刀切"，而是尊重人民群众的选择，在推进过程中因地制宜，允许多种形式责任制并存。

1983年1月12日，在邓小平前往江苏、浙江、上海调研，从而形成"小康社会"的全面目标之前，他先同国家计委、国家经委和农业部门负责同志谈话，阐释了农民富裕、农业改革的重要意义，他指出："农业文章很多，我们还没有破题。农业科学家提出了很多好意见。要大力加强农业科学研究和人才培养，切实组织农业科学重点项目的攻关。农业是根本，不要忘掉。"他正是由此提出了"三个有利于"的思想雏形："农村、城市都要允许一部分人先富裕起来，勤劳致富是正当的。一部分人先富裕起来，一部分地区先富裕起来，是大家都拥护的新办法，新办法比老办法好。农业搞承包大户我赞成，现在放得还不够。总之，各项工作都要有助于建设有中国特色的社会主义，都要以是否有助于人民的富裕幸福，是否有助于国家的兴旺发达，作为衡量做得对或不对的标准。"

我国的农村改革是党指导改革的一个成功范例，拥有几亿人口的中国农村比较顺利地实现如此深刻的社会变革，不是采取一哄而起、一步到位的方式，而是从实际出发，尊重并及时总结农民群众的创造，因势利导，加以推动，这对农村经济和整个国民经济的发展，以及其他领域的改革都产生了十分深远的影响。到80年代中期，"联产承包责任制和农户家庭经营长期不变"最终确定，"突破"得以完成。此时，第一阶段农村改革的成效已经非常显著。除了数亿农民实现温饱，农业生产、

> 指引　从小康到共同富裕

社会供给显著提高，还为 1984 年开始的以城市为中心的全面经济体制改革提供了坚实的物质基础、人力资源、精神动力和宝贵经验。1984 年 10 月 1 日，国庆 35 周年的盛大庆典在北京举行。群众游行方阵打出了一块块醒目的标语："联产承包好""时间就是金钱，效率就是生命"，展示了改革开放和小康建设的成就，更表明了人民群众对政策的拥护；"小平您好"，一句简单的问候，表达了中国人民对这位改革开放总设计师的敬意，更表达了人们对这条崭新道路的认可。

1984 年 10 月 6 日，邓小平在阐释"我们的宏伟目标和根本政策"时，明确指出了达到小康目标与农民生活水平、农业改革之间的密切联系。

他说:"我们确定了一个政治目标:发展经济,到本世纪末翻两番,国民生产总值按人口平均达到八百美元,人民生活达到小康水平。这个目标对发达国家来说是微不足道的,但对中国来说,是一个雄心壮志,是一个宏伟的目标。更为重要的是,在这个基础上,再发展三十年到五十年,力争接近世界发达国家的水平。实现我们的目标,不是很容易的。讲大话,讲空话,都不行,要有一系列正确的对内对外的方针和政策。党的十一届三中全会以来,我们确定了对内经济搞活、对外经济开放的政策,没有这样的政策不可能成功。"而实现这个目标的途径,"对内经济搞活,首先从农村着手。中国有百分之八十的人口在农村。中国社会是不

国庆35周年庆典群众游行,农业队伍由五辆拖拉机牵引的"联产承包好"彩车引导走在最前列,通过天安门广场。

是安定,中国经济能不能发展,首先要看农村能不能发展,农民生活是不是好起来。翻两番,很重要的是这百分之八十的人口能不能达到。现在看,一系列新的农村政策是成功的。过去农村很困难,现在可以说绝大多数的人能够吃饱,能够穿得比较好,居住情况有了很大的改善。农村政策见效很快,增加了我们的信心,对我们确定翻两番的目标是一个鼓励"。他进一步指出:"这几年进行的农村的改革,是一种带革命意义的改革。"11月9日上午,他在会见外宾时再次指出:"近几年来,我们在农村进行了改革,百分之九十的农民生活有了很大的提高。"

20年后的2004年,深圳市福田区皇岗社区党总支书记、皇岗实业股份有限公司董事长庄顺福向我们介绍了当地的变化。庄顺福是土生土长的深圳人,是深港边界线上皇岗村的一个普通农民。他回忆道:"1966年与我同时初中毕业回乡劳动的有126人,不到一年只剩下十几个人,其余都偷渡到香港去了。""那时候,辛辛苦苦地干,最好的月份收入才20元钱。"当深圳成为中国改革开放的试验田后,从23岁起就当村干部的庄顺福有了大展身手的舞台,皇岗村也开始了翻天覆地的变化。皇岗村的集体固定资产从1986年的150万元发展到2004年的逾10亿元,集体每年人均分配的税后收入连续十余年保持在两万元以上。这一年恰逢邓小平诞辰100周年,作为集体资产逾10亿元的现代化社区的领头人,庄顺福感慨地说:"在皇岗干了整整38年,前19年是干得最苦的,但始终没有摆脱贫困;后19年是干得最舒心的,因为大家都过上了小康生活。""还是这块地,还是这些人,如果没有邓小平的改革开放政策,没有经济特区的创立,能有今天的这一切吗?"言及这些年的体会,庄顺福体会最深的是邓小平共同富裕思想。因此,他将一幅三条腿椅子的彩色照片挂在办公室最醒目的地方,庄顺福表示他是以此明志:"三条腿的椅子坐不稳,共同富裕才是根本","邓小平的话我铭记一辈子"。

下篇　指引推进共同富裕

共同富裕在生产领域的要求

尽管经过多年的顽强拼搏和努力发展,目前我国最主要的收入差距问题仍然是占人口大多数的农民群众与一些高收入行业工作者之间"两极分化"。当前的大量研究中,多采用基尼系数观察我国的收入差距问题;在探讨实现共同富裕的途径时,多是从分配调节角度开展研究。当然这都是正确的,并且已经产生了很多成果。党的十八届三中全会提出"形成合理有序的收入分配格局",党的十九大报告要求"促进收入分配更合理、更有序"具有极其重要的指导作用。不过,同时应该看到,实现共同富裕在生产领域的要求。

2011年到2018年,笔者获得了六次到小岗村调研的机会,从而比

1978年,小岗村18户村民带头签订契约实行大包干。图为其中的严宏昌(左)、严俊昌(中)和严立学(右)。

第8章　通过农业改革推动城乡共同富裕

较深入地了解到多年来这里开展的丰富实践,从中观察到通过农业改革实现共同富裕的许多正确途径。

我们知道小岗村,首先在于它是我国农村改革的起点。但对此有很多不同意见。小岗村之前,在全国很多地方,农民群众甚至基层组织进行类似"包产到户"的生产实践为数不少,在1978年前后更多。比如,有观点认为,"包产到户的真正发源地是安徽省肥西县山南区"。但是,凤阳小岗村确实为我国农村改革的开启作出了两个突出贡献:其一是"包干到户"的形式,其二是"大包干"的名称。

包产到户和包干到户,是家庭联产承包责任制的两种类型。两种都是在生产队统一领导下,将集体耕地按人口或按劳动力承包给农户经营。不同点是,包产到户坚持工分核算和生产队统一分配,即年初确定包产、包工、包投资的"三包"指标,年终将包产产量纳入分配,按"三包"指标完成情况找补兑现;而包干到户不搞"三包"和生产队核算,把国家征购、集体提留落实到户,实行定额包干上交,剩余归己。后者办法简单,利益直接,责任具体,按农民的说法就是"保证国家的,交足集体的,剩下都是自己的"。小岗村实行的包干到户,其吸引力远大于包产到组和包产到户,农民最为拥护,成为广大群众的自觉选择。因此,当得到政策支持后,其传播速度极快,到1983年底,全国实行包干到户的占农户总数的98%。

"大包干"的名称则更具有历史性。今天查阅历史文献,会发现其内涵在发展变化。比如1958年曾用于铁矿区基本建设;1980年以前,常常指包干到组;其后,则一般指包干到户。众所周知,十一届三中全会是改革开放开启的标志,而这次会议原本的议题是农业问题。在农业方面,这次会议取得的重要成果是提出"必须首先调动我国几亿农民的社会主义积极性,必须在经济上充分关心他们的物质利益,在政治上切实保障他们的民主权利",农村经济政策开始全面松动。但仍然要求:"人

下篇　指引推进共同富裕

小岗村的大包干纪念馆。

民公社要坚决实行三级所有、队为基础的制度，稳定不变。"次年9月，十一届四中全会通过的《关于加快农业发展若干问题的决定》也规定："不许分田单干。除某些副业生产的特殊需要和边远山区、交通不便的单家独户外，也不要包产到户。"因此，一些明确以"包产到户"为标志的生产受到了抑制。而"大包干"，这一20世纪50年代就见诸报端，并曾得到毛泽东批转的用语，为干部群众坚持这一正确实践争取了空间。"大包干、大包干，直来直去不拐弯"，其宣传和示范效应也更明显。

除了首创之功外，小岗村40年来的实践更是我国农村改革的缩影。习近平总书记在小岗村视察时指出："改革开放以来，农村改革的伟大实践，推动我国农业生产、农民生活、农村面貌发生巨大变化，为我国改革开放和社会主义现代化建设作出了重大贡献。这些巨大变化，使广大农民看到了走向富裕的光明前景，坚定了跟着中国共产党走中国特色社会主义道路的信心。"

现今，像小岗一样有名的村子在中国为数不少，其中很多村子比小岗村发展得好，这也是小岗村受到质疑的一个原因。但是，客观地说，在中国改革历程中，小岗村确实具有无可替代的历史地位，尤其是为全国的改革发展发挥了特别重要的试点作用。这是由小岗村的普遍性和特殊性决定的。

普遍性在于，小岗村的自然环境、地理方位、人力资源等先天条件并不具备特别的优势。小岗村的普通，其发展的不平衡不充分，一段时间村民难以达到生活富裕的实际情况，更代表了我国广大农村的真实水平。

特殊性在于，作为"改革第一村"，小岗村具有重要的政治象征，备受社会各界关注。因此，各种因素引导它始终处于改革的前沿，并超常规地提供了一定的外在条件。很多改革，尤其是农村改革的探索都在小岗村进行了试验，积累了很多宝贵的经验和教训，其中还有很多待研究和总结。

普遍性和特殊性相结合，可以看到，从历史来说，小岗的状态是中国农村改革的晴雨表，不仅是开端，40年来我国农业改革的许多重要节点都与小岗村有关；就现实来看，小岗村的道路是具有普遍意义的中国农村小康之路、农业现代化之路。

那么，如今的小岗村，在实现共同富裕方面做得如何呢？是否像传说的那样"是失败的实践"，"始终徘徊在温饱线上"呢？

历史上，小岗村确实存在发展很不理想的阶段，但从2011年至今开展调研得到的信息来看，如今小岗村的发展态势是比较好的。从以下数据可见一斑：

人均可支配收入：11年8400元，12年10200元，13年12000元，14年14500元，15年14700元，年均增长15.01%。

集体经济收入：11年缺，12年410万，13年505万，14年665万，

15 年 670 万。

工农业总产值：11 年缺，12 年 5.8 亿元，13 年 6.02 亿元，14 年 7.38 亿元，15 年 8.26 亿元。

到 2017 年，小岗村户籍人口是 4173 人，村域面积 2.25 万亩，可耕种面积 1.45 万亩，农业用地 1.36 万亩，村民可支配收入 18106 元。

根据国家统计局发布的数据，2017 年我国居民人均可支配收入 25974 元，其中农村居民人均可支配收入 13432 元。小岗村的收入水平，虽然距离全国领先水平还有不小差距，但也绝不是"徘徊在温饱线上"，在全国属于中上水平，也符合其试点的定位。

取得这样的发展成果，有多方面的原因，"三农"是一个综合发展的整体。但是，在调研过程中，笔者能够突出地感受到农业改革在村民致富过程中发挥的积极作用。

农业改革是综合性的、多方面的，从实现共同富裕的角度考虑，这里主要着眼于农民收入的提高。如习近平总书记在视察小岗村时指出的："中国要富，农民必须富。""农民小康不小康，关键看收入。检验农村工作实效的一个重要尺度，就是看农民的钱袋子鼓起来没有。"在这方面，小岗村三种形式的实践起到了很好的效果。

土地流转实现适度规模经营与多种经营

我国农村改革是从调整农民和土地的关系开启的。新形势下深化农村改革，主线仍然是处理好农民和土地的关系。最大的政策就是必须坚持和完善农村基本经营制度，决不能动摇。

2013 年，习近平总书记在中央农村工作会议上指出："完善农村基本经营制度，要顺应农民保留土地承包权、流转土地经营权的意愿，把农民土地承包经营权分为承包权和经营权，实现承包权和经营权分置并

> **指引** 从小康到共同富裕

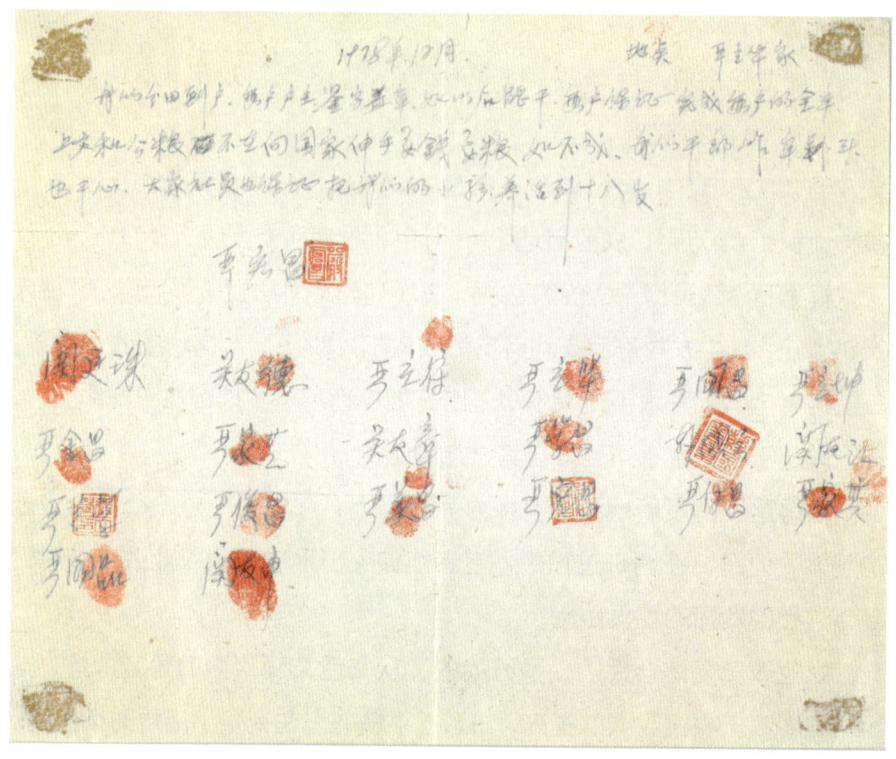

1978年12月，小岗村的18户农民签订的"大包干"契约。

行。"2016年，中央正式确立农村承包地坚持集体所有权、稳定农户承包权、放活土地经营权的"三权分置"。这是继家庭联产承包责任制后我国农村改革的又一大创新，为推动农村进一步改革和发展奠定了坚实基础。

在我国农村改革的历程中，两次权利分置都起到了历史性的巨大作用。第一次分置是所有权和承包权的分置，小岗村是其中的代表；第二次"三权分置"，习近平总书记指出："这是我国农村改革又一次重大制度创新，有利于更好坚持集体对土地的所有权，更好保障农户对土地的承包权，更好用活土地经营权，推进现代农业发展。""三权分置"规范和推动了土地流转，使之成为当前我国农村最火热的实践。这一方面，小岗村也处在前沿。对小岗村土地流转情况调查如下（见表8-1）：

表 8-1 小岗村土地流转情况统计表

企业流转土地情况

序号	流转单位	流转面积（亩）
1	从玉	96
2	梨园公社	608
3	普朗特	901.3
4	安徽农垦集团	4028
5	小岗葡萄园	200
6	小岗生物科技有限公司	115
	合计	5948.3

农户自发流转土地情况

序号	农户	流转面积（亩）	序号	农户	流转面积（亩）
1	程夕兵	350	16	张荣旺	60
2	杨学增	240	17	刘洪加	60
3	程夕龙	40	18	殷友付	110
4	杨学松	60	19	殷传发	50
5	杨术松	70	20	李学生	40
6	缪洪正	40	21	杨玉豹	140
7	崔金刚	80	22	杨文柱	50
8	乔术民	90	23	周串之	40
9	张荣刚	120	24	周界之	50
10	张元鹏	110	25	袁世界	110
11	张元刚	70	26	袁怀清	65
12	缪健康	120	27	袁世发	65
13	缪夕兵	80	28	严衡	21
14	刘占海	70	29	严德宝	55
15	徐从兵	80	30	袁世祥	20

合计：2556 亩（小岗村全村流转土地面积 8504.3 亩）

日期：2017 年 10 月 24 日

而对小岗村村民收入的调查情况如下（见表8-2）：

表8-2 小岗村村民收入情况统计表

序号	户主	村民组	人口	年收入（万）	收入类型
1	崔志林	后范	7	100	从事建筑业、办厂
2	严德友	小岗	5	33	流转土地300亩从事葡萄种植
3	程夕如	程圩	6	30	粮食收购
4	刘占全	小韩	4	30	人力资源开发公司
5	严余山	小岗	4	29.8	旅游商品淘宝、上班、农歌汇KTV娱乐
6	程夕兵	程圩	3	25	流转土地350亩从事种植
7	徐家友	小韩	7	25	经商、务农、生产电动车
8	殷玉荣	小殷	4	21	养猪（在栏250头）
9	杨玉兵	小杨	4	20	流转土地330亩从事种植养殖
10	周党之	小吴	8	20	流转土地132亩种植蔬菜
11	严德双	小岗	4	20	从事经商、餐饮业（金昌食府）
12	严家旺	小严	4	20	水电安装、销售
13	杨玉贵	小吴	4	18	养猪230头
14	关正金	小岗	10	17	务工、餐饮业（小岗梦菜馆）
15	李保国	上李	4	16	蔬菜种植
16	关正景	小岗	5	15	上班、从事餐饮业（大包干农家菜馆）
17	杨越岭	小杨	2	15	养羊120只（心易家庭农场）
18	李士伟	下李	4	14	养猪130头

可见，在小岗村，村民们主要通过土地流转实现适度规模经营与多种经营，达到"一二三产融合"，从而有效地提高收入水平。

在适度规模经营方面，小岗村的"种粮大户"程夕兵是一个代表。

原本担任村委会副主任的程夕兵在国家政策的鼓励下，从2014年6月开始流转土地。为什么要流转土地呢？他当时的想法是："我们小岗大包干这么多年，农业这一块发展是比较慢的，我想我们走上标准化、现代化，要有一些愿意去做的农民去做，做好以后才能增加我们农业这一块的收入。"通过土地流转，他开始尝试进行规模化的粮食种植，但是起步就很不顺利，因为下雨导致种的玉米减产，第一年就亏损三万多元。但是程夕兵当时就已经看清："这个我决心想种了我就要搞规模化。否则的话你没有办法，达不到机械化的水平。"

机械化是现代农业的必要元素。水稻插秧时节气温高，人工成本就高，一亩地差不多需要300元，而且温度超过40摄氏度就不敢用人工了。全用机械就不存在天气限制的问题，还非常节约成本，能够带来经济效益。但流转来的土地分散且高低落差大，极不利于大型机械作业。这一方面要求程夕兵反复走进乡亲们家中联系交换土地，把分散的土地集中起来；另一方面，为了适应机械化，需要投资平整土地。

截至2017年底，程夕兵总共种植流转、代种土地近600亩；而这三年仅在土地平整上就投入十几万元。不过，在把握品种和质量的前提下，通过流转土地规模种粮，他于2015年当年就实现盈利，2016年的收入有20万元，2017年仅上半年收入就达到30万元。程夕兵还建造了现代化粮仓和农机大院，下一步还准备创建品牌和商业米场，以增加粮食附加值，据估计，创建品牌后，每一斤粮食价格可增长10%。根据程夕兵本人的测算，他的整体投入是300多万，可在8—10年内收回成本，实现更大盈利。

土地流入一方的情况比较明朗，而另一方面，将土地流转出去的农民的生活又如何呢？小岗村村民缪夕青的例子很能说明问题。

缪夕青家里承包的土地是20亩左右。在这片热土上，他已经耕耘了将近30年，收入水平也能达到温饱。据缪夕青回忆："家里种地，头几年粮价比较低一点,基本上就够自己家小孩读书费用,没有多余了,只能说够用了,没有节余了。"到 2016 年,村里发展旅游业,家里这 20 亩土地可以进入流转,但当时缪夕青心里非常排斥。毕竟自己已经 50 岁了,不愿再出门打工,离开土地后做什么是一个现实问题。最后,考虑到不能耽误全村的发展,缪夕青忍痛割爱,将 20 亩地流转出去 18 亩。之后,村干部主动给他介绍工作,于是他开始在建筑工地工作。如今,他是小岗村大包干干部学校二期工程的一位木工师傅。令缪夕青没有想到的是,年近半百时开始的新工作,却为他开启了新的生活方式。这几年,小岗村里大的工程他都参加了,还成了工地上管事的人,对这份新职业慢慢地也有了感情。缪夕青表示:"说真的,看到自己做的工地跟楼房,心里挺自豪的。你们早上过去看我的工地,我自己拿的图纸,我自己带的一班工人。"工作方式转化了,收入的变化也显而易见。缪夕青计算得很清楚:"像我两个人干,就种 20 亩地的话,年收入也就是两万多块钱,是吧?如果土地流转出去了,自己能得到一部分,你出门打工的话,像我在工地上面一个月 7000 块钱左右,一年下来的话就是六七万。俩人在家种土地,种一年土地也就挣两万多块,这个东西一比就知道了。"对还剩下的两亩地,缪夕青采取绝对精耕细作。谈起未来,他最在意的是孙子的教育。

这是三权分置的优越性,与传统社会出现的失地农民完全不同,今天的中国农民将土地流转出去后依然可以从中获得收益和保障,成为实现共同富裕的重要基础。

应用生物和信息技术实现小农生产与现代农业衔接

我国农业总体上还是小农经济。截至 2016 年底,我国经营规模 50 亩以下的农户仍然有近 2.6 亿户,其中绝大多数户仅五亩左右;农村流转土地面积超过35%，经营50亩以上的新型主体350万个，这在世界上来说是一个很大的数量，但对中国来说比例依然很低，而且平均每户100亩的经营规模与美国、澳大利亚、新西兰、英国等国相比，也只能算是小农户。在相当长时期内，小农户始终是中国农业生产经营的主体，这是基本国情。

发展现代农业可以有多种模式，尤其在我国大部分农民仍然要依靠土地吃饭的现实情况下，帮助小农户发展现代农业，既有利于提高农业现代化水平，也有利于满足农民的就业和社会保障需求。因此，各地应充分尊重农民的首创精神，因地制宜探索以小农户为主体的农业经营模式，保护农民利益，解决小农户土地细碎化问题，实现农业规模经营的全方位发展。农业供给侧结构性改革需要加快培育现代小农，要依靠的是政策、科技、创新，应该做的是服务，包括硬件和安全上的服务。

在小岗村村民的实践中，杨伟的探索可资借鉴。杨伟1987年出生于小岗村，2004年参军入伍，在福建沿海经历了军营生活的淬炼。他在部队入党，还成为一位二级士官。2012年退伍后，他回到家乡，参加了县里的退伍军人技能培训，学习汽车驾驶。2014年初，杨伟放弃了去宁波发展的机会，选择在家乡创业。由于家中的土地比较分散，不方便经营，地理位置也不理想，他尝试了以个人名义从企业手中流转土地的办法，从小岗村洪张健康产业园以600元一亩的价格流转了20亩土地。尽管出生于小岗村，但搞农业对杨伟来说是从头开始，其间遇到不少挫折。第一年种了西瓜，但是在品种选择和管理上处理不好，西瓜成熟之后个头比较大，口味不好，销售困难。一个偶然的机会，杨伟发现游客更喜欢进园采摘，随即到处参观学习，最终选择种植便于携带的草莓，潜心钻研种植技术，还为草莓园申请了家庭农场。由于流转来的这20亩土地位于村里的"黄金地带"，园里的草莓光靠采摘就可全部售罄。从2017年开始，他还尝试通过网上宣传、销售，显著地增加了收入。

> 指引　从小康到共同富裕

杨伟表示："现在国家、县、村里面都鼓励我们农民搞'互联网+'，虽然我们的草莓不愁卖，但这是一个渠道。""明显感觉到草莓不够卖。现在20亩土地种植得非常好，收益也比较好。纯收入有八九万块钱，我自己上班一年收入有两三万块钱，我感觉自己在家小孩也能照顾了，也不用去外面租房子、找工作，现在与父母在一起，和孩子也能在一起，我感觉现在过得也挺好的。"

2017年3月，农业部专门开展了农民手机培训。目前在中国，新型农业要素正在逐渐融入生产过程。智能、共享、泛在的信息技术为加快培育"现代小农"提供了难得机遇。应推动小农户与大市场相衔接，进入互联网时代；让小农户融入产业链，分享产业增值；让小农户用上新技术，成为新应用的定制者；探索小农联合联营共享，实现小农户的标准化生产和按需定制；把小农户培育成新农民，成为现代农业建设的主力军。

【百姓相册】2019年元宵节前夕，90岁的摄影师徐永辉（左二）来到凉棚岭村看望叶根土的三儿子叶兴法一家，叶兴法夫妇同徐永辉热情握手。叶家70年的生活变迁也是时代巨变的缩影。（邵全海 摄影）

发展集体经济反哺个体收入和支持公共事业

1990年3月3日，邓小平同几位中央负责同志谈话，在谈到农业问题时指出："中国社会主义农业的改革和发展，从长远的观点看，要有两个飞跃。第一个飞跃，是废除人民公社，实行家庭联产承包为主的责任制。这是一个很大的前进，要长期坚持不变。第二个飞跃，是适应科学种田和生产社会化的需要，发展适度规模经营，发展集体经济。这是又一个很大的前进，当然这是很长的过程。农业问题要始终抓得很紧。农村富起来容易，贫困下去也容易，地一耕不好农业就完了。"

习近平总书记指出："壮大农村集体经济，是引领农民实现共同富裕的重要途径。""两个飞跃"是邓小平关于我国农业改革和发展作出的重要思考。在我国，"第一个飞跃"早已实现，废除人民公社，确立以家庭承包经营为基础、统分结合的双层经营体制，解放了生产力，使农村发生了巨大变化。此后，随着改革开放的不断深入，中国放开农产品市场，取消农业税，对农民实行直接补贴，初步形成了适合国情和生产力发展要求的农村经济体制。"第二个飞跃"是"很长的过程"，目前我国农业正朝着高水平的集体化方向发展，发展势头良好。

在实践中，小岗村因地制宜地发展集体经济，创建了"村企一体"的经济组织——小岗村创新发展有限公司，注册资金3150万元，全面负责村内集体资产的管理和经营，确保集体资产保值增值，最大限度保护村民权益。先后组织建设了改革大道、小岗干部学院、大包干纪念馆等55个重点项目，通过承包、租赁、合作等多种经营方式，挖掘集体资产资源潜力，增加集体经济收入。围绕"中国农村改革主要发源地""大包干精神、沈浩精神诞生地"等全国知名品牌做文章，通过合作经营、品牌入股、招商引资等方式，放大小岗村品牌效应。比如，与安徽省农

▎如今的小岗村已成为全国十大名村之一、国家 4A 级旅游景区。

垦集团有限公司签订合作协议，将小岗村 12 个村民组、426 户农户的 4300 亩土地流转给安徽农垦小岗现代农业发展股份有限公司，在获得资源租赁收入的同时，带动现代农业发展。

在多方努力下，小岗村集体经济收入从 2012 年的 410 万元，到 2017 年达 820 万元，年均增长率 20%。小岗村通过壮大集体经济、加大公共事业投入，强化民生保障，带动村民致富。2017 年，村集体累计投入 98.9 万元免费为全体村民办理新农合、新农保、政策性保险等，平均每个村民获益 230 多元。2018 年初，小岗村首次实现村集体资产收益分红，每位村民分红 350 元。在集体经济的支持下，群众获得感、安全感、幸福感明显提升。2021 年 2 月 3 日，小岗村 2020 年度集体经济股份合作社分红暨先进典型表彰大会在小岗干部学院报告厅举行，大会共向 4216 名股民发放分红 255.66 万元，每人领到了约 600 元集体经济收益股权分红。分红一年比一年多，让小岗村村民有了实打实的获得感、幸福感。2020 年，通过大力实施乡村振兴战略，小岗村集体经济收入再创新高，达到了 1160 万元。

邓小平著名的"两个飞跃"思想包括："第二个飞跃，是适应科学种田和生产社会化的需要，发展适度规模经营，发展集体经济。"从小岗村的实践来看，这一设想是符合实际的。

农业改革与共同富裕

收入差距问题自然属于分配问题，但是马克思主义认为：生产决定分配、交换和消费；生产的发展状况，决定分配、交换和消费的水平、结构和方式。马克思在《〈政治经济学批判〉导言》中指出："一定的生产决定一定的消费、分配、交换和这些不同要素相互间的一定关系。""分配的结构完全决定于生产的结构。""就形式说，参与生产的一定方式决定分配的特殊形式，决定参与分配的形式。"中央反复强调发展生产力的基础性作用，生产力发展问题的初步解决是我们实现共同富裕的基础。但是，党的十九大报告在提出中国特色社会主义新时代的社会主要矛盾时指出："我国社会生产力水平总体上显著提高，社会生产能力在很多方面进入世界前列，更加突出的问题是发展不平衡不充分，这已经成为满足人民日益增长的美好生活需要的主要制约因素。"发展的不平衡不充分，首先是生产力发展的不平衡和不充分。一定意义上，当前生产领域的这种不平衡状态是造成收入差距过大的重要原因，也是实现共同富裕的主要障碍。

生产力发展不平衡的状态存在于各产业内部，但更主要地体现在不同产业之间。一般统称的"农村改革"，要解决的是"三农"问题，即

2021年4月21日，无人机航拍四川省武胜县沿口镇五一村万亩晚熟柑橘产业园。

农业、农村和农民问题，这三者是相互作用的有机整体，其中农业是基础性的组成部分。习近平总书记指出："一定要看到，农业还是'四化同步'的短腿。"人类社会已经发生了三次产业革命，目前，以互联网于全球普及为重要标志的信息革命方兴未艾，中国搭上了这一次技术革命的快车。2015年3月，十二届全国人大第三次会议提出"制定'互联网+'行动计划"，即是着眼于此，既推动新兴产业地位升级，又对传统产业进行升级换代。即使是普通百姓也能感受到互联网企业的快速增长和资源的迅速汇集。但同时，可以看到我国的信息革命主要集中在第三产业，第二产业有所发展，第一产业非常滞后。改革开放以来，我国农业生产力得到了很大提高，农作物产量以及群众营养状况的提升就是最好的反映。但是从经济效益来看，我国农业生产力水平是整个社会生产领域的一个明显短板。在西方发达国家，农业是赚钱的，而在我国对农业必须给予大量补贴。我们过去常说我国第三产业吸收了大量农业剩余劳动力，但实际上农业的劳动力并不充足，只是经济效益太差导致农业不得不过度转移劳动力。一定意义上说，我国的农业处于农业文明，工业处于工业文明，只有交通和服务行业进入了信息时代。而近几年国际市场粮价下跌，国内土地、劳动力成本快速上升，农业实际遭受损失。

与此同时，中国人民在解决了温饱之后快速进入了"耐用品消费"时代，并且随着电子商务的出现、国内统一市场和世界市场的形成，在消费领域全国乃至全世界都几乎同步。加上媒体的推波助澜，收入差距被突出地表现出来，引起了社会心理的极大忧虑。从根本上说，我国农业的生产力水平低，形成了经济效益的洼地，新兴产业与农业转移劳动力又不相契合，在很大程度上阻碍了全体人民共同富裕的实现。

因此，要实现全体人民共同富裕，首先要通过改革解决"三农"问题中的农业发展问题，尤其是提高农业经济效益。如习近平总书记指出的:"要加大对农业的支持力度,通过富裕农民、提高农民、扶持农民,让农业经营有效益,让农业成为有奔头的产业,让农民成为体面的职业。"

当前,我国正在实施乡村振兴战略,"这是中国特色社会主义进入新时代做好'三农'工作的总抓手"。在五个方面的总要求中,要"以产业兴旺为重点""生活富裕为根本"。2021年8月17日的中央财经委员会第十次会议提出:"要促进农民农村共同富裕,巩固拓展脱贫攻坚成果,全面推进乡村振兴,加强农村基础设施和公共服务体系建设,改善农村人居环境。"借鉴小岗村的实践经验,贯彻落实乡村振兴战略,通过农业改革实现共同富裕,是我们的一个重要着力点。

2005年12月,十届全国人大常委会第十九次会议决定:《中华人民共和国农业税条例》自2006年1月1日起废止。这标志着中国农民告别延续2600多年的"皇粮国税",有效减轻了农民负担。

第 9 章
通过协同发展推进区域共同富裕

两个大局与共同富裕

在 1978 年 12 月首次谈到先富带后富实现共同富裕问题时，邓小平就指出："在西北、西南和其他一些地区，那里的生产和群众生活还很困难，国家应当从各方面给以帮助，特别要从物质上给以有力的支持。"1984 年 11 月 9 日上午，邓小平在会见意大利共产党领导机构成员、书记处书记贾恩卡洛·巴叶塔时指出："我们党已经决定国家和先进地区共同帮助落后地区。在社会主义制度下，可以让一部分地区先富裕起来，然后带动其他地区共同富裕。"前文已述，邓小平第一次正式使用"共同富裕"概念时，其主要着眼点正在于解决区域差异的问题。可以说，通过推进中国广袤土地上各个区域的协同发展实现这些有显著差别的区域之间的共同富裕，正是邓小平共同富裕思想最初和最主要的一个部分。

1988 年 9 月 12 日，邓小平在听取工作汇报时提出了"两个大局"的战略构想。他指出："沿海地区要加快对外开放，使这个拥有两亿人口的广大地带较快地先发展起来，从而带动内地更好地发展，这是一个事关大局的问题。内地要顾全这个大局。反过来，发展到一定的时候，又要求沿海拿出更多力量来帮助内地发展，这也是个大局。那时沿海也要服从这个大局。"到 1992 年"南方谈话"时,他更是突出地强调了这个问题。"两个大局"的战略构想,正是对共同富裕思想的具体落实,而且是其中非常重要的一环。

东部沿海地区与内地中西部地区相比有着得天独厚的地理位置和便利的交通以及较完备的设备、技术、人才、信息等优势,具备率先发展的良好基础,发展条件比中西部地区更成熟一些。而中西部地区限于自身的条件,要与东部沿海地区同步发展,时机不成熟,国家也缺乏提供较大支持的财力。因此,在发展选择上,先东后西显然是一条捷径,只有突出东部沿海地区重点,增强东部沿海地区的经济实力,打好东部沿海地区的发展基础,才能尽快增强整个国家的经济实力,也才有条件更好地带动与支持中西部地区的经济发展,逐步缩小不同地区的经济发展差距,使全国所有的地区都摆脱贫穷,走向共同富裕。正因为如此,"两个大局"战略构想中的第一个大局就是东部沿海地区加快对外开放,率先发展。

邓小平认为,东部地区先富快富起来,能带动全国的共同发展,是迈向共同富裕的重要的第一步。在邓小平"两个大局"战略构想的指导下,改革开放以来,东部地区的经济发展走在全国的前列,经济和社会发展突飞猛进,积累了相当的经济实力,在率先全面建成小康社会的基础上,正力争率先实现现代化和共同富裕,以更好地带动全国的现代化和共同富裕。如浙江共同富裕先行示范区已经在如火如荼的建设之中。

在"两个大局"的另一个方面,邓小平从不同角度多次论述了帮助中西部地区进行开发开放的重大意义,鲜明地提出"先进地区帮助落后地区是一个义务"。邓小平提出,如果没有内地中西部地区的小康,就没有全国的小康,没有内地中西部地区的现代化,就没有全国的现代化。因此,只有在东部地区较快发展的基础上,加快中西部地区的开发和发展,逐步缩小地区发展差距,才能促进中国地区经济协调发展,最终实现社会主义共同富裕的目标。而且,加快中西部地区发展是加强民族团结和巩固国防的要求。邓小平指出,"我们中国的少数民族最多的地区,一个是西北,一个是西南","少数民族问题解决得不好,国防问题就不可能解决好","应该把少数民族工作摆在很高的位置"。"如果搞两极分化,情况就不同了,民族矛盾、区域间矛盾、阶级矛盾都会发展,相应地中央和地方的矛盾也会发展,就可能出乱子。"因此,国家要帮助中西部地区发展,抓住适当时机加快内地中西部地区开发和发展,逐步缩小不同区域之间的发展差距,提高广大中西部地区人民群众的福利水平,达到富民兴边乃至兴区的目标。

邓小平把少数民族地区的发展作为开发和发展中西部地区的一个重要方面。他认为:"中国的资源很多分布在少数民族地区,包括西藏和新疆。如果这些地区开发起来,前景是很好的。""如内蒙古自治区,那里有广大的草原,人口又不多,今后发展起来很可能走在前列。"但国家要采取特殊政策,在财政、税收、投资、技术等方面照顾和扶助少数民族地区,要组织经济比较发达的省市对少数民族地区进行对口支援。1987年6月29日,邓小平在同外宾谈话时指出:"我们帮助少数民族地区发展的政策是坚定不移的。""中央政府采取了很多措施发展少数民族地区。拿西藏来说,中央决定,其他省市要分工负责帮西藏搞一些建设项目,而且要作为一个长期的任务。""不仅西藏,其他少数民族地区也一样,我们的政策是着眼于把这些地区发展起来。"只有把帮助落后地区、中西部地区作为责任和义务,带动内地中西部地区加快开发与发展,才能实现不同区域经济的共同发展,走向共同富裕。

就支援中西部地区发展的具体途径和方式来说,邓小平于1983年肯定了东部与西部建立经济协作区进行经济协作与联合的方式,他说:"搞经济协作区,这个路子是很对的。"1990年,邓小平又肯定了东部对西部进行对口支援、包省发展、技术转让的方法。他指出:"沿海如

东部地区坚持科技创新和体制机制创新双轮驱动，积极推进新旧动能转换，发挥重要引领作用，走在全国前列。图为中国重汽集团济南动力公司发动机装配生产线。

何帮助内地，这是一个大问题。可以由沿海一个省包内地一个省或两个省，也不要一下子负担太重，开始时可以做某些技术转让。"

同时，针对西部很多地区资源丰富但生态环境极为脆弱的特点，邓小平还富有远见地提出西部开发一定要把生态环境建设放在重要地位。早在1966年他就对当时的中共中央西北局书记指示："水土保持，黄土高原种树，要搞一百年才行。"1982年11月15日，邓小平会见前来北京参加中美能源资源环境会议的美国前驻华大使、密歇根州大学教授伦纳德·伍德科克时谈道："我们准备坚持植树造林，坚持二十年、五十年。这个事情耽误了，今年才算是认真开始。特别是在我国西北，有几十万平方公里的黄土高原，连草都不长，水土流失严重。黄河所以叫'黄河'，就是水土流失造成的。我们计划在那个地方先种草后种树，把黄土高原变成草原和牧区，就会给人们带来好处，人们就会富裕起来，生态环境也会发生很好的变化。"可以说，这

指引 从小康到共同富裕

是在改革开放初期就揭示改善生态环境与人们"富裕起来"的内在联系。

不平衡是普遍的,要在发展中促进相对平衡,这是通过协调发展推进区域共同富裕的辩证法。统筹区域发展是治理中国这样的大国必须解决的一个重大问题。我国幅员辽阔、人口众多,各地区自然资源禀赋差别之大,世界少有。新中国成立后,我国生产力布局经历过几次重大调整。"一五"时期,苏联援建的156项重点工程,有70%以上布局在北方,其中东北占了54项。1956年,毛泽东在《论十大关系》中提

> 实施促进中部地区崛起战略以来，中部地区发挥优势加快崛起，新型城镇化取得突破性进展，城乡面貌日新月异。图为2016年5月，正式通车运营的全国首条拥有完全自主知识产权的中低速长沙磁浮快线。

出正确处理沿海工业与内地工业的关系，20世纪60年代中期开展"三线"建设。改革开放后，我国实施了设立经济特区、开放沿海城市等一系列重大举措。依据邓小平在20世纪80年代提出的共同富裕思想和"两个大局"战略构想，我国努力帮助中西部地区发展，20世纪90年代中后期以来，我国在继续鼓励东部地区率先发展的同时，相继作出实施西部大开发、振兴东北地区等老工业基地、促进中部地区崛起等重大战略决策。

其中，西部大开发的战略举措，是党中央在世纪之交作出的一个全局性的重大战略决策，并一直延续至今，在中国特色社会主义进入新时代后，更是达到全新的水平。

实施西部大开发

我国的西部地区，在地理概念上指中国西北地区的陕西、甘肃、宁夏、青海、新疆五省区和西南地区的重庆、四川、贵州、云南、西藏五省区市。中央作出西部大开发的决策后，国务院于2000年10月26日发出《关于实施西部大开发若干政策措施的通知》，明确了西部开发的政策适用范围包括西北、西南地区的十个省区市，还包括内蒙古和广西。国务院还先后批准，对湖南湘西土家族苗族自治州、湖北恩施土家族苗族自治州、吉林延边朝鲜族自治州等地区，在实际工作中比照有关政策措施予以照顾。我国西部地区国土面积约占全国的57%。有50个少数民族聚居在西部地区，占我国少数民族总人口的80%。我国的陆地边界，西部地区占了57.3%。从国际环境看，经济全球化趋势加快发展，科技进步日新月异，世界经济正在进行大的结构调整，国际竞争日益激烈。从国内形势看，经过20多年的改革和发展，我国相继实现了现代化建设的第一步和第二步战略目标。经济增长逐渐由过去的数量扩张型变为质量效益型。同时，也出现了新的矛盾和问题：主要产品产量已基本满足市场需要，需求不足成为制约经济增长的主要矛盾；经济结构、产业结构、城乡结构不合理的问题日益突出，影响着经济效益和竞争能力的提高；农民收入增长缓慢，农业基础需要进一步巩固和加强；区域性生态环境保护任务艰巨，人口、资源、环境的压力日益增大；地区经济发展差距拉开，中西部贫困地区和边远民族地区亟待加快发展。当时，经过改革开放20多年的发展，西部地区通过艰苦奋斗，经济社会发展取得巨大成就，经济实力不断增强。1978年西南西北九省区地区生产总值为558亿元，而1999年西部十省区市为15354亿元；人均地区生产总值1978年为251元，1999年增加到4171元。并且，西部地区形成了钢铁、有色金属、机械电子、航空航天等门类齐全、实力较为雄厚的工业体系。但从经济总量和发展水平来说，西部地区与东部地区发展差异仍然较大。从1979年至1999年，东部地区经济总量平均增长7.8倍，翻了近三番，而西部地区仅增长5.7倍，西部12个省区市中有九个收不抵支。因此，加快西部地区的发展，对于我们国家未来的繁荣昌盛和长治久安，具有极其重大的意义。同时，西部地区发展相对落后的状况是长期形成的，有着复杂的自然、历史、社会和经济等原因。西部地区国土面积大，自然条件和生态环境较差，基础设施、科技教育水平较低，开发难度很大。实施西部大开发战略，加快中西部地区发展，是党中央在国际形势发生新的变化、我国经济进入一个新的发展时期作出的重大决策。

20世纪90年代中后期，在我国实行西部大开发战略的设想逐步成形。2002年4月1日，江泽民在西安主持召开西北地区和内蒙古六省区西部大开发工作座谈会时曾经对这个决策过程做过简要回顾，他说："一九九九年三月，我在'两会'党员负责人会议上提出，要研究实施西部大开发战略，加快中西部地区的发展。同年六月，我在西安主持召开西北五省区国有企业改革和发展座谈会，提出加快开发西部地区，是全国发展的一个大战略、大思路，现在条件已经基本具备，时机已经成熟，要把开发西部地区作为党和国家的一项重大战略任务，摆到更加突出的位置。同年九月，党的十五届四中全会决定明确提出，国家要实施西部大开发战略。按照中央的要求，国家发展计划委员会同有关部门共同研究，提出了实施西部大开发战略的初步设想，向中央政治局常委会议和中央政治局会议作了汇报。二〇〇〇年一月，党中央、国务院对实施西部大开发战略提出了明确要求，国务院成立了西部地区开发领导小组，实施西部大开发战略拉开了帷幕。"

这个过程具体来说是，在1999年3月3日，全国两会召开前夕，江泽民发表讲话指出，西部地区那么大，占全国国土面积一半以上，但大部分处于未开发或荒漠化状态。西部地区迟早是要大开发的，不开发，我们怎么实现全国的现代化？中国怎么能成为经济强国？这是我们发展的大战略、大思路。他要求有关部门提出西部大开发的实施步骤、政策、办法和组织形式。随后，当时的国家计委相继召开四次座谈会，分别听取部门、地方、专家对西部大开发的意见和建议，围绕西部大开发的必要性和可行性，就西部大开发的目标、任务、方式、政策进行探讨。

当年6月17日，江泽民在西安召开的西北五省区国有企业改革和发展座谈会上系统阐述了西部大开发的战略构想。他提出，加快开发西部地区，对于推进全国的改革和建设，对于保持长治久安，具有重大的政治和社会意义。从现在起，加快开发西部地区，要作为党和国家一项

> **指引** 从小康到共同富裕

1999年9月,党的十五届四中全会正式提出"实施西部大开发战略"。2000年年初,西部大开发战略正式启动。图为绿色环绕中的陕西省延安市老城区。

重大战略任务,摆到更加突出的位置。他最后说,我们要下决心通过几十年乃至整个下世纪的艰苦努力,建设一个经济繁荣、社会进步、生活安定、民族团结、山川秀美的西部地区。9月,在党的十五届四中全会上,实施西部大开发战略写入《中共中央关于国有企业改革和发展若干重大问题的决定》。

2000年1月13日,迎着新世纪的曙光,中共中央、国务院印发《关于转发国家发展计划委员会〈关于实施西部大开发战略初步设想的汇报〉的通知》，作为指导西部大开发的纲领性文件。16日，国务院印发《关于成立国务院西部地区开发领导小组的决定》。19日，国务院在京召开西部地区开发会议，研究加快西部地区发展的基本思路和战略任务。5月14日，江泽民在上海主持召开江苏、浙江、上海党建工作座谈会，提出"始终做到'三个代表'是我们党的立党之本、执政之基、力量之源"的同时，他在讲话中还指出："实施西部大开发战略，加快中西部地区发展，是中央从二十一世纪我国经济社会发展全局出发作出的战略决策，沿海地区的同志必须充分认识做好这项工作的重大意义，积极帮助和支持中西部地区加快发展。"7月26日，国务院召开中西部地区退耕还林还草试点工作座谈会。10月26日，国务院下发《关于实施西部大开发若干政策措施的通知》。

2002年4月至5月，江泽民分别在西安和重庆召开西北地区和西南地区西部大开发座谈会，对西部大开发实施两年多的情况进行总结，并明确下一步工作方向。他在座谈会上指出，推进西部大开发，要坚持用发展的办法来解决前进中的问题。要坚持改革创新，形成能够有力推动发展的充满活力的体制和机制。要坚持为民谋利，使各族群众得到真正的实惠。要坚持大局观点，集中力量解决全局性、战略性、关键性的问题。

2002年11月，党的十六大召开。这时，西部大开发战略实施已经近三年。新任中共中央总书记胡锦涛指出："中央将继续坚定不移地推动西部大开发战略的实施，国家对西部大开发的扶持政策不会改变，支持力度不会减弱。"党的十六大以后，以胡锦涛同志为总书记的党中央着眼于全面建设小康社会的宏伟目标，深入推进西部大开发、不断提高西部大开发水平，使西部大开发按照科学发展的要求不断前进。

2003年1月，国务院西部开发办、农业部召开退牧还草工作电视电话会议，全面启动退牧还草工程。2004年3月，国务院印发《关于进一步推进西部大开发的若干意见》，召开国务院西部开发工作会议，出台一系列推进西部大开发的新政策。同年4月，国务院办公厅发出《国务院办公厅关于完善退耕还林粮食补助办法的通知》。

2005年，西部大开发五周年之际，胡锦涛作出重要指示："实践证明，中央关于实施西部大开发的战略决策和指导方针是正确的。继续实施好西部大开发战略，对确保实现全面建设小康社会的宏伟目标十分紧要。""做好西部大开发的各项工作，要进一步转变观念，着力深化体制改革，积极调整经济结构、转变增长方式，加快基础设施和生态环境建设，加大解决'三农'问题的工作力度，更加注重发展社会事业，紧紧依靠西部地区广大干部群众，同心同德，奋发图强，坚定不移地把西部大开发继续推向前进。"

2007年10月，党的十七大提出了实现全面建设小康社会奋斗目标的新要求，西部大开发又迎来了新的发展机遇。胡锦涛在十七大报告中指出，要深入推进西部大开发，重大项目布局要充分考虑支持中西部发展，鼓励东部地区带动和帮助中西部地区发展。在2008年全面实施应对国际金融危机一揽子计划中，中央将扩大内需投资的43%以上投向西部地区民生工程、基础设施、生态环境、产业振兴、技术创新和灾后重建等领域，并且带动了地方和社会资金投入西部大开发。

2010年5月9日至11日，时任国家副主席的习近平在广西壮族自治区百色市和南宁市调研时强调，西部大开发战略实施十周年来取得巨大成就，不仅有力促进了西部地区发展，也为全国发展开辟了广阔空间。西部地区要继续认真落实中央关于西部大开发的各项政策措施，在新的起点上实现西部地区经济社会又好又快发展。

西部大开发，为21世纪我国经济发展开拓新的广阔空间，是保持我国经济持续快速健康发展的重大战略措施。中央明确要求，要赋予西部特殊的政策支持，既体现在项目安排、投资力度，也体现在政策的进一步完善和加大支持力度上。西部大开发创造出的大量投资机遇，有力地增强对经济增长的拉动；西部地区优势资源的开发和东送，为中部和东部地区的发展提供有力的支撑；中西部地区人民群众收入水平的提高，创造巨大的市场需求。加强国内经济联合，进一步促进生产力的合理布局，使东、中、西部地区形成各具特色、优势互补的经济，大大提高了我国的生产社会化水平和经济效益、竞争能力，有利于我们更好地凝聚全国力量参与国际竞争和拓展国际市场。

西部大开发在我国经济社会发展全局和推进共同富裕的部署中具有特殊的重要意义。到2012年，西部的发展已经取得重大成绩。在投入方面，此前11年开工165项重点项目，包括青藏铁路、西气东输、西电东送、退牧还草、退耕还林等，总投资超过3.2万亿；中央预算内投资达1万亿元，占同期总量的40%以上，有力地改善了西部的基础设施，加强了生态建设，改善了民生，促进了特色优势产业的发展。

党的十八大以来，在新一轮西部大开发中，随着综合国力的增强，国家进一步加大对西部地区的支持力度，根据重点项目的支持领域，如交通、水利等基础设施以及生态建设、贫困地区民生的改善等，加大投资支持力度。

2017年，党的十九大召开，习近平总书记提出"强化举措推进西部大开发形成新格局"，他在党的十九大报告中要求："实施区域协调发展战略。加大力度支持革命老区、民族地区、边疆地区、贫困地区加快发展，强化举措推进西部大开发形成新格局，深化改革加快东北等老工业基地振兴，发挥优势推动中部地区崛起，创新引领率先实现东部地区优化发展，建立更加有效的区域协调发展新机制。"如今，西部大开发战略方兴未艾，并且各项政策措施的推行更加成熟完善，还将继续创造更大的成绩，通过协同发展将区域共同富裕的实践继续推向前进。其中，邓小平的家乡四川省广安市在并不优越的基础上实现的协同发展也是一个典例。

协同发展的典例

1986年2月13日，是正月初五，在四川省会成都的金牛宾馆东楼前，邓小平接见了当时广安县委的代表。邓小平笑容满面，风趣地说："好啊！今天终于见到我的'父母官'了！"邓小平和大家一一握手时，问起了他们的姓名，连声说："好啊，你们年轻，有文化，有希望。"并语重心长地嘱咐道："一定要把广安建设好。"当时他自己恐怕也没有想到，这是他一生中最后一次回家乡四川。

广安，小平故里。一代伟人对家乡的眷恋，化为深情嘱托，"一定要把广安建设好"。

斯郡天宝蕴物华，此处地灵生人杰。伟人故里、滨江之城、川东门户、红色旅游胜地"四张名片"，铺展这片热土的明亮底色；市委"亮山亮水亮文化"工作思路正引领广安高质量发展，向着美丽繁荣和谐广安华丽蝶变；成渝地区双城经济圈建设战略部署，为广安带来又一次大发展机遇，朝着争创成渝地区双城经济圈建设示范市迈进。决战决胜脱贫攻坚，与全国全省同步全面建成小康社会，更是广安巨变中的恢宏华章。

广安，因邓小平而受世人瞩目，成为世界看中国的一个窗口。1980年，新西兰著名作家路易·艾黎在首访邓小平故居后，称之为"东方地平线"。20世纪90年代初，香港《明报》一名记者到小平故居采访后写道："邓小平家乡如此落后，可知中国改革开放路程的坎坷、遥远。"

广安位于四川东部，华蓥山、铜锣山、明月山纵贯南北，嘉陵江、渠江流经全境，由此构成了以旱山区、华蓥山地质灾害区、嘉陵江和渠

下篇 指引推进共同富裕

▋ 一定要把广安建设好。

江洪涝灾害区和水库淹没区为重点的成片特困区。区域内贫困人口集中，资源禀赋缺乏，产业发展缓慢，基础条件落后。尽管搭乘改革开放的快车，昔日的西部小城已发生了翻天覆地的变化，但由于建市晚，人口多、底子薄，经济规模总量小的特殊市情，截至 2014 年底，仍有 30 多万人生活在贫困线下。

"贫穷不是社会主义，更不是共产主义。"实现人民对美好生活的向往，是中国共产党人不变的初心和奋斗目标。把贫困这块奔小康路上的"绊脚石"，变成经济社会发展的"垫脚石"，在民生与发展的交融互动中，广安市坚定以习近平新时代中国特色社会主义思想为指导，坚持以习近平总书记关于扶贫开发工作的重要论述为遵循，深入贯彻落实中央、四川省委脱贫攻坚决策部署，把脱贫攻坚作为最大的政治责任、最大的民生工程、最大的发展机遇，采取瞄准一个目标、达到两个标准、擦亮三张名片、补齐五项短板、突出七大特色的"12357"工作法，调动一切力量、集中一切资源,夺取全域脱贫决定性胜利,向党和人民交上一份合格的答卷。

截至2019年底,全市32.48万贫困人口顺利实现脱贫、820个贫困村退出、6个贫困县摘帽,较全省提前一年全面解决了现行标准下绝对贫困问题,实现了整体脱贫目标。全市建档立卡贫困人口人均纯收入由2014年的2633元增长到2019年的6971元,贫困群众"两不愁"质量明显提升。新(改)建通村公路5135公里,实施易地搬迁13251户、农村危房改造37856套,贫困群众出行难、用电难、上学难、看病难、通信难等突出问题总体解决。创建省级"四好村"270个,建成幸福美丽新村1894个,评选"洁美文明户"五万余户,贫困地区文明新风逐渐形成。

同追一个梦,共筑一片天。借力借势,凝聚起脱贫攻坚的更大合力。浙川东西部携手扶贫、商务部定点帮扶广安、农业产业扶贫创品牌,是广安市扶贫的"三张名片"。湖州广安东西协作探索的"三产联动""国企引领"协作扶贫模式入选国务院扶贫办东西部扶贫协作典型案例,两地共建的南浔广安东西部扶贫协作产业园被国家发改委列为中西部承接东部地区产业转移示范区。商务部定点帮扶广安30多年,在电子商务发展、招商引资、市场体系培育等方面给予了大力支持和真情帮助,真正做到了"广安不脱贫,帮扶不脱钩"。广安深入实施"孵化、提升、创新、整合、信息"五大品牌建设工程,不断培育和壮大"区域品牌+企业品牌+产品品牌"农产品品牌体系。

把短板补得更扎实,把基础打得更牢靠,才能使脱贫攻坚的质量更高、成色更亮。补齐增收短板,围绕建设现代农业"363"体系,大力推广"龙头企业+合作社+基地+贫困农户"的模式,全力提升产业扶贫的组织化、规模化、品牌化程度,打牢脱贫致富的产业根基,同时努力扩大扶贫产品的认定和销售,破解扶贫产品卖难问题。补齐住房短板,大力实施易地扶贫搬迁工程,实现新居建设与旧房改造并举,同步实施"四改三建"和"六

下篇　指引推进共同富裕

2014年8月30日，四川省广安市武胜县飞龙镇甜橙新村。

到家"工程，确保群众走平坦路、喝干净水、上卫生厕、住安全房。补齐医疗短板，全面落实"十免四补助"和"先诊疗后付费"政策，大力实施"三个一批"行动计划，加强医疗服务能力建设，有效改善贫困群众就医体验。补齐教育短板，探索构建"控辍保学"体系、教育资助体系和志智双扶体系，全市无一名学生因家庭经济困难而失学。补齐社会保障短板，全市织密社会保障网络，细化低保兜底、特困供养、养老保险、残疾人扶助等具体帮扶保障举措，切实保障困难群众基本生活权益。

用发展的引擎驱动脱贫奔康的步伐，脱贫攻坚"七大特色"彰显广安担当，定点帮扶发挥单位和行业资源优势打造帮扶特色；党建促脱贫、脱贫强党建，党旗在脱贫攻坚主战场上高高飘扬；民主党派参与脱贫攻坚，在全域脱贫征程中共绘最美"同心圆"；深化法治扶贫，为脱贫致富撑起"保护伞"；注重志智双扶，激发群众脱贫内生动力；坚持融合发展，创新多点支撑的脱贫路径；巩固脱贫成果，脱贫与防止返贫同步推进，尤其是作为全省率先全域脱贫的市（州）之一，创新建立的"十看五帮三机制"，对已脱贫对象全覆盖排查，补齐短板，防止返贫现象发生，为全省稳定脱贫长效机制的形成起到了良好的示范作用。这些鲜明特点，串联起广安脱贫攻坚的坚实步履。

小康，这个穿越无数苦难与辉煌岁月的执着梦想，今天，在广安已经触手可及。为让这方热土山川更加秀美，江河更加安澜，人民更加安康，砥砺奋进的广安儿女意气风发地按照"创新、协调、绿色、开放、共享"五大发展理念，以实字打底，以干字开路，向着幸福坚定出发，夺取了脱贫攻坚战的全面胜利，向党中央、省委和全市460万人民交出一份合格答卷。

公共服务均等化与共同富裕

2021年8月17日，习近平总书记主持会议专门研究扎实促进共同富裕问题，明确"在高质量发展中促进共同富裕"，"要提高发展的平衡性、协调性、包容性，加快完善社会主义市场经济体制，增强区域发展的平衡性"。

党的十八大以来，中国特色社会主义进入新时代，以习近平同志为核心的党中央高瞻远瞩、审时度势，提出了京津冀协同发展、长江经济带发展、粤港澳大湾区建设、长三角一体化发展、黄河流域生态保护和高质量发展、成渝地区双城经济圈建设等新的区域发展战略。各区域重大战略互促共进，促进区域间融合互动、融通补充。随着这些区域发展战略的实施，我国各区域经济总量不断攀升，经济结构持续优化，区域协调发展成效显著。

同时，我国经济发展的国内外环境发生了深刻而复杂的变化，区域经济发展出现了一些值得关注的新情况新问题。区域经济发展分化态势明显，长三角、珠三角等地区已走上高质量发展轨道，一些北方省份增长放缓，全国经济重心进一步南移。发展动力极化现象日益突出，经济

建设粤港澳大湾区，是党中央作出的重大决策。图为2018年8月，正在建设中的深港莲塘/香园围口岸。

> 指引　从小康到共同富裕

和人口向大城市及城市群集聚的趋势比较明显。部分区域发展面临较大困难，东北地区、西北地区发展相对滞后，一些城市特别是资源枯竭型城市、传统工矿区城市发展活力不足。我国经济发展的空间结构正在发生深刻变化，中心城市和城市群正在成为承载发展要素的主要空间形式，我们必须适应新形势，谋划区域协调发展新思路。

2019 年以来，笔者有幸多次深入河北省张家口市，以怀来县为中心开展调研，对京津冀协同发展的落实进行了近距离的观察，由此产生了一项认识：在社会主义制度条件下，国家有能力调控不同社会群体之间的收入差距，并通过一二三次分配促进社会公平和共同富裕。在已全面建成小康社会的今天，我国各区域之间的差异其实并不是简单地主要体现在直接收入的差距或者是物质条件的差异，而是更多地体现在公共服

务的水平差异上。例如，河北省的居民如果与北京市的居民比较生活水平，单论人均居住面积差别不大，但是比较教育、医疗、文化条件的话，河北与北京相比就有较大差距，因此后者具有很强的吸引力，并对前者产生虹吸效应。

而解决问题的办法正是中央制定的区域协同发展战略。2014 年 2 月 26 日，习近平总书记主持召开座谈会听取京津冀协同发展专题汇报，提出实现京津冀协同发展是一个重大国家战略。2015 年 6 月 9 日，中共中央、国务院印发《京津冀协同发展规划纲要》。京津冀协同发展，是习近平总书记亲自谋划、亲自部署、亲自推动的国家战略。自 2014 年京津冀协同发展重大国家战略实施以来，在党中央、国务院坚强领导下，京津冀三省市和有关部门单位顾全大局、积极作为，做了大量卓有成效的工作，推动京津冀协同发展不断取得新进展。北京、天津、河北三地不断加强公共服务交流合作，在教育、卫生、养老等方面先试先行，对接效果较为显著，合作共建、协同共享的态势初步形成。到 2020 年，河北与京津的公共服务差距明显缩小，区域基本公共服务均等化水平明显提高，公共服务共建共享体制机制初步形成。

基本公共服务均等化是推动京津冀协同发展不可或缺的重要内容，也是当前必须着力进行的工作。最主要的是补齐河北的公共服务短板，实现京津冀公共服务规划和政策统筹衔接，重点解决教育、医疗、文化等方面的差距。为此，必须发挥政府的引导作用。

2014 年 2 月 26 日，习近平在北京考察时发表重要讲话，全面深刻阐述京津冀协同发展的重大意义、推进思路和重点任务，为京津冀协同发展指明方向。图为京津城际高铁驶过北京永定门。

目前，京津冀三省市已在社会保障、医疗卫生、教育合作等方面进行了有益探索实践。比如，京津冀三省市均出台了本地养老保险跨区域转移接续办法实施细则；三省市基本实现了城乡居民养老保险制度名称、政策标准、经办服务、信息系统"四统一"；北京市与河北省就燕达国际医院合作项目签署协议，以合作办医和专科扶植的方式，由北京朝阳医院对河北燕达国际医院医疗管理和学科建设进行整体支持，共同探索解决医师异地执业、医保结算等难题；河北省六所交通职业学校纳入北京交通职教集团，破除了京津冀交通人才培养的地域限制，成立了京津冀卫生职业教育协同发展联盟；三省市共同推进旅游"一本书、一张图、一张网"合作项目，成功举办京津冀旅游投融资项目推介会，取得了初步成效。未来，还要继续加强统筹协调，积极推动落实基本养老保险关系跨区域转移接续、推动京津两地高校到河北办分校、支持开展合作办医试点等政策。

从京津冀协同发展的积极成效可以看出，基本公共服务均等化的推进，可以真实显著地提升不发达地区人民群众的获得感，是有效推动区域共同富裕的重要途径。

放眼全国，习近平总书记指出："不能简单要求各地区在经济发展上达到同一水平，而是要根据各地区的条件，走合理分工、优化发展的路子。"要尊重客观规律、发挥比较优势、完善空间治理、保障民生底线，推动形成能够带动全国高质量发展的新动力源，实施好区域协调发展战略。要推动西部大开发形成新格局，推动东北振兴取得新突破，促进中部地区加快崛起，鼓励东部地区加快推进现代化。要支持革命老区、民族地区加快发展，加强边疆地区建设，要推进兴边富民、稳边固边。要推进京津冀协同发展、长江经济带发展、粤港澳大湾区建设、长三角一体化发展，推动黄河流域生态保护和高质量发展，高标准、高质量建设雄安新区，推进成渝地区双城经济圈建设。要坚持陆海统筹，发展海洋经济，建设海洋强国。健全区域战略统筹、市场一体化发展、区域合作互助、区际利益补偿等机制，完善转移支付制度，更好促进发达地区和欠发达地区、东中西部和东北地区共同发展。

在高质量发展之路上，我国的区域发展必将越来越协调、平衡，越来越充满生机活力；以基本公共服务均等化为主要抓手，我国共同富裕也必将取得更明显的实质性进展。

第10章
通过税收制度改革推进人民群体共同富裕

税收制度与人民生活

2020年10月，党的十九届五中全会提出2035年我国基本实现社会主义现代化远景目标，其中包括"全体人民共同富裕取得更为明显的实质性进展"。全会通过的《关于制定国民经济和社会发展第十四个五年规划和二〇三五年远景目标的建议》进一步提出："完善再分配机制，加大税收、社保、转移支付等调节力度和精准性，合理调节过高收入。"在全面建成小康社会之后，我们应当更加注意共同富裕的推进。把共同富裕提升到社会主义本质高度的邓小平，围绕共同富裕的实现进行了大量有益的思考，产生了许多重要的思想火花。其中，有一个方面一直未得到充分的关注，这就是关于通过税收制度改革推进人民群体共同富裕的思考。

改革税收制度，包含在共产党人改造社会的最初方案之中。《共产党宣言》提出"在最先进的国家"采取变革生产方式的措施，第二位就是"征收高额累进税"。当中国共产党人开始建设红色政权时，即着手建立不同于旧社会的新税收制度。在邓小平参加革命工作的早期，他对税收制度的认识主要来自理论经典、中央文件和党内同志的著述。比如，1928年6月在莫斯科召开了中共六大，会上通过的《政治决议案》和《土地问题决议案》分别提出"取消一切政府军阀地方的税捐,实行统一的累进税"和"设立单一的农业累进税"。虽然当时邓小平作为中共中央秘书长留守处于白色恐怖中的上海,但一定也对党首次提出的这项全新税制有所了解。很快,他就有机会在领导军事斗争和根据地建设的实践中,切实地认识税收制度与人民生活的关系。

1929年,邓小平赴广西领导百色起义,按照他的部署,当年12月11日颁布的《中国工农红七军目前实施政纲》提出"取消一切政府的捐税","实行累进税,并由苏维埃政府制定标准"。在起义后建立的右江根据地,落实了累进税制。如农业税方面,以家庭为计算单位,按各人年生产量缴纳5%,有余粮的按累进原则征收,标准为有余谷50—100斤,征收40%;100—300斤,50%;300—500斤,60%;500—1000斤,70%;1000斤以上,特别征收。工商税方面,除累进征收营业税,还对过境鸦片课以累进重税。这些对新税制的实践在全国来说也是比较早的。

进入中央苏区后,邓小平先后担任中共瑞金县委书记、中共会昌中心县委书记等重要基层领导职务,管理税收是他本职工作的核心。苏区税制随着革命发展而持续变化,基本过程是由分散走向统一。1931年11月,在瑞金召开中华工农兵苏维埃第一次全国代表大会,会上制定宪法宣布:"取消一切反革命统治时代的苛捐杂税,征收统一累进所得税。"同时形成的《关于颁布暂行税则的决议》和《中华苏维埃共和国暂行税则》对税收制度作了具体规定。统一累进税以法律形式在苏区全面建立和实行,并根据革命战争的需要不断调整,这是中国税制的一次重大改革。邓小平所在的中央苏区,设定了起征点和累进税率,如农业税按每户人均收获干谷4担以上开始征收,4担征税1%,5担2%,6担3%,7担4%,8担5%,9担6.5%,10担8%,11担9.5%,12担11%,13担12.5%,14担14.5%,15担16.5%。邓小平是新税制的执行者,也见证了苏区群众对新税制的拥护。毛泽东曾说:"苏维埃采取统一的累进税法,乃是世界上最优良的税法。"

邓小平进行更深入的税制改革实践,并且形成独立思想,是在抗日战争时期。经过长征、应对抗日战争爆发、第二次国共合作,中共在中国北方重新建立的革命根据地,税收制度与中央苏区有所不同。邓小平1938年1月调任八路军129师政委,2月即部署晋冀鲁豫根据地创建工作。到抗日战争胜利时,晋冀鲁豫成长为拥有县城一百余座、人口近三千万的大根据地,任中共晋冀鲁豫中央局书记的邓小平是其主要领导人之一。这一阶段他的经济建设思想逐渐成熟,在激烈的军事斗争中冷静地提出:"现在我们要扩大军队,保证军队供给,这与根据地人民的负担是有矛盾的。""一些超过可能的规定和制度应取消,因为这会消耗民力。大家应该清查出这些不合理的制度,立刻或逐渐取消之。""如果我们知道这是人民的财富,就可以想得通了,否则就会增加人民的负担,忽视长期打算。"邓小平认为:"历史上最大的病政之一,是村款的浩大。"在他的领导下,晋冀鲁豫根据地"实行了以县为单位统筹统支的办法,规定村无派款权,改革了这个病政"。他还提出,"我们的税收贸易政策,是采取'对外管理对内自由'的原则","我们把税收和贸易两个部门,置于工商管理局的单一领导之下,用严格的税制来保护根据地的经济,并使对敌斗争容易得到胜利"。

在晋冀鲁豫的主要区域,1938年到1942年实行的税收制度是合理负担,1943年到1948年则改为统一累进税。对于促成该项变革,邓小平发挥了重要作用。

"合理负担"原是抗战第二战区司令长官阎锡山提出的,基本方法是把村和户按财产分成11和19等,分级摊派款项。中共认为这比以前的按田赋摊派好,同意采用,还针对其方法笼统、标准模糊,根据实际多次修订细则。实践证明当时这个选择是正确的,但实行几年后其缺陷已比较明显，主要是按财产征税不如按收入征税合理，负担户口过少，累进率太快，中、富农负担较重。对此，刘伯承和邓小平一起遵照中央精神作出规定，严格限定负担面不能少于总户数的80%和各户负担总额不能超过本户收入的30%。1941年7月，邓小平致力筹建的统一全边区的"三三制"民主政权——晋冀鲁豫边区临时参议会第一次全体会议召开，议定在边区推行统一累进税。邓小平表示："边区临时参议会通过的统一累进税办法，将于今年在太行区实行，这更确实照顾了各阶层的利益，负担面有了扩大，完全符合中共中央规定负担人数达到总人数百分之八十的政策。统一累进税实行以后，不仅可以进一步奠定财政的基础，而且必然提高各阶层的生产热忱。"

此后晋冀鲁豫派出代表前往率先实行统一累进税的晋察冀边区考察，并选择几个村庄进行试点，再经过反复讨论，形成了新的税则草案，送中共中央太行分局审查。根据时任晋冀鲁豫边区政府副主席，分管财政工作的戎子和回忆：太行分局书记"邓小平同志亲自逐条审阅并作了一些修改，边区政府即于一九四三年四月正式颁布"。在最难确定的累进税率问题上，《晋冀鲁豫边区统一累进税暂行税则》最后规定，取消原来的直线上升，而采取抛物线形上升的办法。这个税则有计算方法过于复杂等缺点，但以"钱多多出，钱少少出"为基本原则，使人民负担更趋公平合理，有效调动群众生产和纳税积极性。据统计，1942年边区群众人均负担2.9斗小米，占人均总收入的16.96%；改行统一累进税的1943年，人均负担1.63斗小米，占人均总收入的10.5%。1942年和1943年太行区遭遇多种自然灾害，税款中的相当部分又以救灾款的形式返还群众。

统一累进税制在晋冀鲁豫边区全面实行数年，进行过一些修改和补充，总体效果良好。到1948年9月，华北人民政府根据晋察冀和晋冀鲁豫两区的经验，起草了《华北区农业税暂行税则（草案）》，中央十分认可，批转各解放区参照执行。中央还于1947年发电指出："过去各解放区对于发展经济、保障供给的方针还缺少深刻认识，重财政轻经济的现象尚相当普遍存在，晋冀鲁豫的情况要好些。"

邓小平清晰地看到，通过实行包括统一累进税制在内的合理经济政策，晋冀鲁豫根据地人民的生活得到明显改善。根据边区政府调查研究室对7个村4415户的调查，1942年总收入折米38832石8斗2升，人均2石2斗1升；1943年总收入47325石3斗3升，人均2石9斗；1944年总收入56344石2斗9升，人均3石3斗7升。

在进行税制改革实践的同时，邓小平形成了"贫的变富，富的更富"的经济思想。1944年11月21日至12月7日，太行区在山西黎城县南委泉村召开了一次别开生面的杀敌英雄和劳动英雄大会，表彰军事和经济战线的先进人物，规模相当大，实际是对根据地建设的一次检阅。12月6日，主持八路军前方总部和北方局工作的邓小平在会上发表讲话。他说，"中共中央土地政策的具体表现"，"环节有三个，首先是扶助贫农、中农上升；第二是奖励富农经济；第三是削弱封建。忽视任何一面都不正确"。他接着指出："实行贫的变富，富的更富的方向。这个方向，我们各位劳动英雄了解得更好，真正懂得这个方向的正确。"

"贫的变富，富的更富"，邓小平的独特经济思想跳出了"劫富济贫"的窠臼，摆脱了当时比较普遍的平均主义倾向，如此鲜明的提法可谓绝无仅有。邓小平专门在群众集会上提出这个思想，是有的放矢，针对的是根据地经济建设中出现的"左"的错误。具体来说，就是没有落实保护和鼓励富农经济的政策，打击富农，阻碍其继续投入和发展生产，导致贫、中农也不敢劳动致富，最终影响整个根据地的经济建设和人民整体生活水平的提高。这一思想根植于实践，符合根据地实际，很受群众欢迎。

"贫的变富，富的更富"与"共同富裕"存在内在的承续关系，此后邓小平将这一政策取向继续完善，设置合理的税收制度仍然是重要结合点，其核心是兼顾各阶层合理合法的正当利益，"使负担办法适合于奖励发展生产的需要"。他在处理农村分配关系时指出，"应宣布保障地主、富农的财产、地权、人权，保障各阶层的正当收入。今后贫农在生产中的困难，不应再用斗争地主、富农去解决。"处理城市无产阶级与资产阶级的分配关系，他在主政西南时提出，"我们与资产阶级的关系，主要在税收、劳资和公私等三方面"，"必须认真地实行'两利'、'兼顾'的政策，税不应多收但也不能少收的政策"。处理民族关系，他指出：金融税收政策"是关系到团结藏民的政治问题"，"对少数民族地区的税可以轻些"。

但是，不能认为"贫的变富，富的更富"就是"共同富裕"思想的原始形态，前文已述，真正意义上的共同富裕思想，是在实行改革开放之后，邓小平立足丰富的改革实践提出的。

用利税支持贫困地区发展

邓小平说："共同致富，我们从改革一开始就讲。"他于1978年底发表的《解放思想，实事求是，团结一致向前看》，既是"改革开放的第一个宣言书"，也标志着共同富裕思想的正式提出。从那时起，邓小平关于共同富裕的思考逐步深化，同时他领导我国进行了多轮税收制度改革，二者相辅相成，有机地联系在一起。

1978年到1983年，邓小平共同富裕思想在形成之初，主要着眼于大力发展生产，首先从整体上提高人民的生活水平。他在"南方谈话"中回顾："共同富裕的构想是这样提出的：一部分地区有条件先发展起来，一部分地区发展慢点，先发展起来的地区带动后发展的地区，最终达到共同富裕。"

"共同富裕"首要的对立面是"共同贫穷"。邓小平反复强调："我们坚持走社会主义道路，根本目标是实现共同富裕，然而平均发展是不可能的。过去搞平均主义，吃'大锅饭'，实际上是共同落后，共同贫穷。"历史教训告诉我们，要使中国人民尽快从整体上摆脱贫穷，唯一的道路是打破平均主义的桎梏，大力发展生产力。这是"先富"理论提出的原因，也是经济改革启动时的方向。

税收制度改革也是朝着这个方向展开的。首先，配合对外开放、引进外资，建立涉外税收制度。邓小平援引新加坡引进外资的成功经验指出："一个是外资企业利润的百分之三十五要用来交税，这一部分国家得了；一个是劳务收入，工人得了；还有一个是带动了它的服务行业，这都是收入。我们要下这么个决心，权衡利弊、算清账，略微吃点亏也干，总归是在中国形成了生产能力，还会带动我们一些企业。"我国长期没有对涉外税收正式立法，1979 年，财政部开始参照国际惯例拟订涉外税法。1980 年和 1981 年，经五届全国人大三次、四次会议审议通过，先后颁布《中外合资经营企业所得税法》《个人所得税法》和《外国企业所得税法》。1984 年，国务院发布 4 个经济特区和沿海 14 个港口城市涉外税收的有关优惠规定。1980 年我国恢复征收关税，1985 年颁布修订后的《进出口关税条例》。我国涉外税收机构陆续建立，涉外税收从立法到执行迅速走上正轨，维护了国家和人民的利益，促进了经济发展和改革进展。

其次，开启税收制度改革。工商税在国家财政收入中所占比重最大，经过三年多的研究和试点，国务院于 1981 年 9 月批转财政部《关于改革工商税制设想的报告》，改革正式启动。这次税制改革的内容非常丰富，中心环节是将国营企业上缴利润改为征收所得税，赋予企业支配税后利润的权力，调动生产主动性和积极性，并扩大税收在经济领域的活动范围。1983 年全面"利改税"进行第一步改革，主要是对有盈利的国营企业征收所得税,即把企业过去上缴的利润大部分改为用所得税的形式上缴国家。小型国营企业在交纳所得税后,自负盈亏,少数税后利润较多的,再上缴一部分承包费。这符合邓小平的设计:在社会主义阶段,"必须实行按劳分配,必须把国家、集体和个人利益结合起来,才能调动积极性,才能发展社会主义的生产","少劳少得,多劳多得","总的是为了一个目的,就是鼓励大家上进"。

税收制度初步改革的成效很快显现,税收调节经济的作用有所加强,工商税收连年大幅增长,1981年至1983年,年均增加59亿元。如何使用新增的财政收入呢?邓小平认为:"避免两极分化","解决的办法之一,就是先富起来的地区多交点利税,支持贫困地区的发展","发达地区要继续发展,并通过多交利税和技术转让等方式大力支持不发达地区"。不过他还规定了一个前提条件:"不能削弱发达地区的活力,也不能鼓励吃'大锅饭'。"

通过大力发展经济,获得更多的利税用于支持贫困地区的发展,这既是邓小平共同富裕思想的最初设想,也始终是其基础性内容,日后进行的西部大开发、精准扶贫等实践都体现了这一思想的价值。经过长期艰苦努力,习近平总书记于2020年3月6日指出,我国"区域性整体贫困基本得到解决"。

用税收调节分配

1984年,我国开启了以城市经济体制改革为中心的全面改革,这是在初步改革打下的良好基础上进行的。立足崭新的实践,邓小平对通过改革实现共同富裕很有信心,因为改革"是不是正确?归根到底是看生产力能不能得到发展,人民的生活能不能得到提高",而事实表明"我们在农村进行了改革,百分之九十的农民生活有了很大的提高"。他始终坚持:"让一部分人、一部分地区先富起来","这是加速发展、达到共同富裕的捷径"。

与此同时,邓小平也敏锐地觉察到,改革过程中需要"注意避免出现两极分化"。最初,他是从阶级关系的角度进行考虑,将"两极分化"定义为"产生剥削阶级",到80年代中后期则修正为"富的越富,贫的越贫"。这与他40多年前提出"贫的变富,富的更富"异曲同工,反映出邓小平对人民群体之间经济差距的认知。

因此,邓小平在1984年11月9日提出:"经济发展起来后,当一部分人很富的时候,国家有能力采取调节分配的措施。"1985年3月7日,他进一步指出:"对一部分先富裕起来的个人,也要有一些限制,例如,征收所得税。"到1990年,他更加清晰地表示:"经济发展到一定程度,必须搞共同富裕。""中国情况是非常特殊的,即使百分之五十一的人先富裕起来了,还有百分之四十九,也就是六亿多人仍处于贫困之中,也不会有稳定。""到一定程度,国内也好,地区也好,集体也好,就要调节分配,调节税要管这个。"

邓小平用税收调节分配的思路在实践中得以贯彻。也是在1984年,我国进行了第二步"利改税"改革,其基本模式是:将国营企业原来上缴国家的财政收入改为分别按11个税种向国家交税,也就是由税利并存逐步过渡到完全的以税代利。其中,对有盈利的国营企业征收所得税。国营企业在交纳上述几种税以后所得的利润,按照规定征收一定数额的所得税。大中型国营企业按55%的比例税率征收,小型国营企业按新的八级超额累进税率征收。新八级超额累进税率的平均税负,同原来八级超额累进税率的平均税负相比,降低了3%—5%。同时,建立起以流转税和所得税为主体,23个税种相互配合的复合税制。由此国企上缴利润完全改为征税,调整了国家、企业和职工之间的分配关系。1985年,配合工资改革,我国实行了国营企业工资调节税、国营企业奖金税、集体企业奖金税和事业单位奖金税，采用超额累进税率。1986年发布《城乡个体工商业户所得税暂行条例》，1987年新增个人收入调节税，1988年又发布了《私营企业所得税暂行条例》。

税收制度的全面改革，一方面激发经济活力，为国家积累了大量建设资金，1984年的工商税收比上年增加120亿元，1985年又增加388亿元，在财政收入中的占比也由50%左右上升到65.2%；另一方面，通过建立健全个人所得税、工资税、奖金税等调节个人收入的新税种，抑制居民收入差距的扩大，税收作为调节分配的杠杆作用得以体现，全国城乡居民的生活水平得到普遍提升。根据抽样调查，1984年农民人均纯收入355.3元，城镇居民为608元，1990年则分别达到630元和1387元。更重要的是，80年代的改革与思考，为之后的关键突破打下了基础。

适应市场经济的税收制度

经过十几年领导改革的深刻实践，进入20世纪90年代，邓小平的思想进一步升华，他关于改革和共同富裕的思考都有质的飞跃。

在改革方面，邓小平对经济体制改革目标的问题已经考虑成熟。尽管在学术界，从1990年7月一直激烈争论到1991年底，关于改革目标仍难达成一致，无法得出结论。而邓小平1991年初视察上海时已经明确表示："不要以为，一说计划经济就是社会主义，一说市场经济就是资本主义，不是那么回事，两者都是手段，市场也可以为社会主义服务。"他还亲自决策浦东的开发开放，推动中国经济再次起飞，1991年经济增长率恢复到9.2%。到1992年"南方谈话"时，邓小平实现了社会主义市场经济的理论突破，为党的十四大确立我国经济体制改革目标奠定了基础。

在共同富裕方面，邓小平更清晰地认识到两极分化的威胁，明确指出:"十二亿人口怎样实现富裕,富裕起来以后财富怎样分配,这都是大问题。题目已经出来了,解决这个问题比解决发展起来的问题还困难。分配的问题大得很。我们讲要防止两极分化,实际上两极分化自然出现。"因此,他愈发强调共同富裕的重要性,反复谈道:"社会主义的一个含义就是共同富裕","社会主义最大的优越性就是共同富裕,这是体现社会主义本质的一个东西"。他还把共同富裕与改革紧密地联系在一起,在"南方谈话"中将二者共同纳入对社会主义本质的最终概括。

随着社会主义市场经济的确立,如何在市场经济条件下深化改革和推进共同富裕成为新的前沿课题,更大规模的税制改革已经在酝酿之中。"南方谈话"发表后的1992年3月20日,国务院总理李鹏在七届全国人大五次会议上提出:"加快分税制和税利分流改革试点的步伐,探索理顺中央和地方、国家和企业分配关系的途径。"江泽民在党的十四大报告中也提出:"统筹兼顾国家、集体、个人三者利益,理顺国家与企业、中央与地方的分配关系,逐步实行利税分流和分税制。"

经过几年的准备,为建立适应社会主义市场经济的税收制度,也为解决十多年来"放权让利"产生的中央财力严重不足的问题,我国于1994年在财税方面进行了国家与国有企业利润分配改革、工商税制改革和分税制财政体制改革。其中,改革国家与国企分配利润的"利税分流"方案,主要包括:强化所得税制,降低所得税率;取消国企调节税;取消税前还贷;承包税后上缴利润。改革从根本上理顺了国家与企业的关系,促进企业所有权和经营权分离,有利于营造公平竞争的市场环境。改革工商税制是最复杂的部分,主要包括:统一内资企业所得税;建立以增值税为主体的流转税体系;统一中外个人所得税。要特别说明的是,在个人所得税改革中,将个人所得税、个人收入调节税和城乡个体工商户所得税合并为统一的个人所得税;工资、薪金收入与承包、承租收入分别实行九级和五级超额累进税率,利息、股息等其他收入则主要采用

20%比例税率。分税制改革则重新调整了中央和省级政府之间的财政分配关系。

1994年的税制改革发挥了基础性、方向性的作用，搭建起我国适应社会主义市场经济的财税体制基本框架。负责该项工作的朱镕基于2002年回顾："1994年进行的财税体制改革"，"是建国以来力度最大、成效显著、影响深远的改革"。

这次重大的税收制度改革与邓小平完成形态的共同富裕思想有什么联系呢？朱镕基曾专门说明：本次改革方案"是根据邓小平同志的思想，根据江泽民同志在党的十四大报告中确定的实行社会主义市场经济的原则设计出来的"。"富裕地区要对贫困地区作些贡献，如果中央不收一点钱的话，那样会富的更富、贫的更贫。邓小平同志有一个思想就是共同富裕。说实话，这是实行分税制的最主要的理由。""应该说，分税制方案有利于比较贫困的地区。"就像邓小平晚年所说：实现共同富裕，防止两极分化，"要利用各种手段、各种方法、各种方案来解决这些问题"。

改革税收制度推进共同富裕

法国经济学家托马斯·皮凯蒂说："税收不是一个技术问题。它很大程度上是一个政治和哲学问题，也许是最重要的政治问题。"税收制度改革的实践，自然不是邓小平共同富裕思想最主要的来源和落脚点，但无疑邓小平将其视作推进共同富裕的重要抓手。1994年后，我国税收制度改革的步伐仍未停止，基本方向是建立现代财税制度；中国特色社会主义进入新时代，改革更向着建立有利于科学发展、社会公平、市场统一的税收制度体系稳步前进。2013年，《关于全面深化改革若干重大问题的决定》提出："完善以税收、社会保障、转移支付为主要手段的再分配调节机制，加大税收调节力度。"

指引 从小康到共同富裕

2017年1月18日,习近平在党的十九大上作题为《决胜全面建成小康社会 夺取新时代中国特色社会主义伟大胜利》的报告,提出"必须坚持以人民为中心的发展思想,不断促进人的全面发展、全体人民共同富裕"。

2019年,《关于坚持和完善中国特色社会主义制度 推进国家治理体系和治理能力现代化若干重大问题的决定》进一步要求:"强化税收调节,完善直接税制度并逐步提高其比重。"2020年的十九届五中全会首次提出到2035年"全体人民共同富裕取得更为明显的实质性进展",进一步要求加大税收"调节力度和精准性",体现出非常鲜明的政策指引。贯彻这些重要的思想和决定,通过税收制度改革推进共同富裕的实践应当继续向前迈进。

习近平总书记指出:"改革既不可能一蹴而就、也不可能一劳永逸。"

十九届五中全会也指出，我国当前的发展环境中，"收入分配差距较大"是一个重要问题。客观地说，目前我国税收制度调节分配的效果还不理想，主要表现在个人所得税主要为间接税（因此要加强直接税制），且平均有效税率过低，在财政总收入中占比过低；劳动收入征税偏高而资本收入征税偏低；中等收入群体承担税负比重较高；遗产税等调节分配的税种还不完善；等等。因此，在全面建成小康社会、生产力问题得到初步解决的今天，我们更需要按照十九届五中全会的要求，加大税收"调节力度和精准性"，深化税收制度改革，"合理调节过高收入"，"改善收入和财富分配格局"，有效推进共同富裕。

在改革路径的选择上，相对于当前世界上流行的单一税制，累进税制的计算方法比较复杂，征收管理的难度也较大，但是累进税制毕竟有利于缩小居民经济差距，从历史也可以看出，我国有长期实行累进税制的传统和比较丰富的经验，人民群众的认可度也较高。在累进税制下，高收入群体有较强的避税动机，灰色收入不易征管，这需要通过完善征管制度，尤其是建立更加公开透明的财产征信机制来解决，而非取消累进税制来回避。至于累进税制对高收入群体积极性的影响，不宜过于担心，邓小平所说的"先富"的"示范"和"带动"效应，在当今中国社会依然非常强烈。邓小平始终坚信"社会主义制度就应该而且能够避免两极分化"，在中国特色社会主义制度条件下，国家可以免除政治献金等负面影响，对资本有更强的控制力，理应更好地发挥累进税制的优越性。

2021年8月17日召开的中央财经委员会第十次会议研究了扎实促进共同富裕问题，引起社会的热烈反响。这次会议提出，要坚持以人民为中心的发展思想，在高质量发展中促进共同富裕，正确处理效率和公平的关系，构建初次分配、再分配、三次分配协调配套的基础性制度安排，加大税收、社保、转移支付等调节力度并提高精准性，扩大中等收入群

指引 从小康到共同富裕

四川广安邓小平故里。

体比重，增加低收入群体收入，合理调节高收入，取缔非法收入，形成中间大、两头小的橄榄型分配结构，促进社会公平正义，促进人的全面发展，使全体人民朝着共同富裕目标扎实迈进。很显然，"正确处理效率和公平的关系，构建初次分配、再分配、三次分配协调配套的基础性制度安排"，尤其是"加大税收、社保、转移支付等调节力度并提高精准性，扩大中等收入群体比重，增加低收入群体收入，合理调节高收入"，与本节讨论的通过改革税收制度推进共同富裕有直接的联系。

回顾历史，着眼未来，在全面建成小康社会的基础上，向2035年的远景目标稳步迈进，我们应珍惜邓小平提供的宝贵思路，切实贯彻习近平总书记相关论述的最新精神，完善再分配机制，深化税收制度改革并以此支撑更为完善的社会保障体系，这是发挥社会主义优越性的重要手段，也是最终实现共同富裕的重要途径。

第10章 通过税收制度改革推进人民群体共同富裕

结语

立足现实，40多年小康建设的奋斗历程，是一座巨大、厚重且含金量极高的宝藏，尚需要我们去认真开采，细致提炼，打造出更加璀璨的精品成果。

开创未来，在全面建成小康社会的基础上，到21世纪中叶把我国建成富强民主文明和谐美丽的社会主义现代化强国，我们必须更加积极有为地解决共同富裕问题。

习近平总书记在2022年新年贺词中指出："经过一代代接续努力，以前贫困的人们，现在也能吃饱肚子、穿暖衣裳，有学上、有房住、有医保。全面小康、摆脱贫困是我们党给人民的交代，也是对世界的贡献。让大家过上更好生活，我们不能满足于眼前的成绩，还有很长的路要走。"共同富裕本身就是社会主义现代化的一个重要目标，在新发展阶段，必须把促进全体人民共同富裕摆在更加重要的位置，着力解决地区差距、城乡差距、收入差距等问题。《中共中央关于党的百年奋斗重大成就和历史经验的决议》指出："只要我们始终坚持全心全意为人民服务的根本宗旨，坚持党的群众路线，始终牢记江山就是人民、人民就是江山，坚持一切为了人民、一切依靠人民，坚持为人民执政、靠人民执政，坚持发展为了人民、发展依靠人民、发展成果由人民共享，坚定不移走全体人民共同富裕道路，就一定能够领导人民夺取中国特色社会主义新的更大胜利,任何想把中国共产党同中国人民分割开来、对立起来的企图就永远不会得逞。"着眼现实,我们要加强分类指导,明确分区域推进路径,采取有针对性的政策措施,促进区域协调发展。全面实施乡村振兴战略,多渠道增加农民收入。强化就业优先政策,健全多层次社会保障体系,推进收入分配体制改革,着力提高低收入群体收入,扩大中等收入群体,改善收入和财富分配格局。

从小康到共同富裕,我们已经拥有了清晰的指引,这是我们珍贵的共同财富,应当倍加珍惜,认真实践,继续书写中华民族更加恢宏的史诗!

后记

共同富裕是社会主义的本质要求，是中国式现代化的重要特征，是人民群众的共同期盼。本书从顶层设计和社会实践层面展现我国建设小康社会、不懈推进共同富裕的光辉历程和宝贵经验；以生动的历史细节、精要的理论阐释、珍贵的史料图片追溯从小康到共同富裕的重要指引，解读中国式现代化道路的过去、现在和未来。

本书的写作依托对邓小平理论和改革开放史的长期研究，受益于对习近平新时代中国特色社会主义思想的学习领会，确保政治立场正确、基本史实准确，力求篇幅体例适当、内容具有新意、行文清晰明快，并配有大量文献插图，兼顾政治性、学术性和可读性，在庄严宣告全面建成小康社会、着力推进共同富裕取得实质性进展的崭新发展阶段，努力发挥党史著作的润物之用，为党和国家的工作大局添砖加瓦。

本书的编写得到了邓小平故里管理局党委书记钱奇同志、邓小平故居陈列馆馆长彭兴建同志的指导，邓小平故里管理局的任飞同志和龙为羽同志参与了书中图片的组编工作，在此致谢。由于我的水平有限，本书还有很多不足之处，特此致歉。对本书的每一位读者表示衷心感谢！

周　锟

2022 年元旦

图书在版编目（CIP）数据

指引：从小康到共同富裕 / 周锟编著. — 北京：商务印书馆，2022
ISBN 978-7-100-21165-9

Ⅰ. ①指⋯ Ⅱ. ①周⋯ Ⅲ. ①小康建设—研究—中国 ②共同富裕—研究—中国 Ⅳ. ① F124.7

中国版本图书馆 CIP 数据核字（2022）第 079664 号

权利保留，侵权必究。

指引：从小康到共同富裕
周锟　编著

商务印书馆出版
（北京王府井大街36号　邮政编码 100710）
商务印书馆发行
雅迪云印（天津）科技有限公司印刷
ISBN 978-7-100-21165-9

2022年7月第1版　　　　开本 787×1092　1/16
2022年7月第1次印刷　　印张 16
定价：85.00 元